과부,
여성주호가 되다

과부, 여성주호가 되다

초판 1쇄 인쇄 2024년 11월 18일
초판 1쇄 발행 2024년 12월 2일

—

기 획 한국국학진흥원
지은이 김경란
펴낸이 이방원

책임편집 이희도   **책임디자인** 양혜진
마케팅 최성수·김 준   **경영지원** 이병은

—

펴낸곳 세창출판사

신고번호 제1990-000013호 주소 03736 서울특별시 서대문구 경기대로 58 경기빌딩 602호
전화 02-723-8660 팩스 02-720-4579 이메일 edit@sechangpub.co.kr 홈페이지 http://www.sechangpub.co.kr
블로그 blog.naver.com/scpc1992 페이스북 fb.me/Sechangofficial 인스타그램 @sechang_official

—

ISBN   979-11-6684-377-8   94910
       979-11-6684-164-4   (세트)

한국국학진흥원 전통생활사총서 34

과부,
여성주호가 되다

김경란 지음
한국국학진흥원 기획

세창출판사

한국국학진흥원에서는 2022년부터 문화체육관광부의 지원
으로 전통생활사총서 사업을 기획하였다. 매년 생활사 전문 연
구진 20명을 섭외하여 총서를 간행하기로 했다. 지난해에 20종
의 총서를 처음으로 선보였다. 전통시대의 생활문화를 대중에
널리 알리기 위한 여정은 계속되어 올해도 20권의 총서를 발간
하였다.

한국국학진흥원은 국내에서 가장 많은 약 65만 점에 이르는
민간기록물을 소장하고 있는 기관이다. 대표적인 민간기록물
로 일기와 고문서가 있다. 일기는 당시 사람들의 일상을 세밀하
게 이해할 수 있는 생활사의 핵심 자료이고, 고문서는 당시 사
람들의 경제 활동이나 공동체 운영 등 사회경제상을 이해할 수
있는 자료이다.

한국의 역사는 '조선왕조실록'이나 '승정원일기'와 같이 세계
적으로 자랑할 만한 국가기록물의 존재로 인해 중앙을 중심으
로 이해되어 왔다. 반면 민간의 일상생활에 대한 이해나 연구
는 관심을 덜 받았다. 다행히 한국국학진흥원은 일찍부터 민간

에 소장되어 소실 위기에 처한 자료들을 수집하고 보존처리를 통해 관리해 왔다. 또한 이들 자료를 번역하고 연구하여 대중에 공개했다. 이러한 민간기록물을 활용하고 일반에 기여할 수 있는 방법으로 '전통시대 생활상'을 대중서로 집필하여 생생하게 재현하여 전달하고자 했다. 일반인이 쉽게 읽을 수 있는 교양학술총서를 간행한 이유이다.

총서 간행을 위해 일찍부터 생활사의 세부 주제를 발굴하는 전문가 자문회의를 개최하고, 전통시대 한국의 생활문화를 가장 잘 구현할 수 있는 핵심 키워드를 선정하였다. 전통생활사 분류는 인간의 생활을 규정하는 기본 분류인 정치, 경제, 사회, 문화로 지정하였다. 이를 기반으로 매년 각 분야에서 핵심적인 키워드를 선정하여 집필 주제를 정했다. 이번 총서의 키워드는 정치는 '과거 준비와 풍광', 경제는 '국가경제와 민생', 사회는 '소외된 사람들의 삶', 문화는 '교육과 전승'이다.

각 분야마다 5명의 집필진을 해당 어젠다의 전공자로 구성하였다. 어디서나 간단히 들고 다니며 쉽게 읽을 수 있도록 최대한 이야기체 형식으로 서술해 달라고 부탁하였다. 다양한 사례의 풍부한 제시와 전문연구자의 시각이 담겨 있어 전문성도 담보할 수 있는 것이 본 총서의 매력이다.

전문적인 서술로 대중을 만족시키기는 매우 어렵다. 원고

의뢰 이후 5월과 8월에는 각 분야의 전공자를 토론자로 초청하여 2차례의 포럼을 진행하였다. 11월에는 완성된 초고를 바탕으로 1박 2일에 걸친 대규모 학술대회를 개최하였다. 포럼과 학술대회를 바탕으로 원고의 방향과 내용을 점검하는 시간을 가졌다. 원고 수합 이후에는 각 책마다 전문가 3인의 심사의견을 받았다. 2024년에는 출판사를 선정하여 수차례의 교정과 교열을 진행했다. 책이 나오기까지 꼬박 2년의 기간이었다. 짧다면 짧은 기간이다. 그러나 2년의 응축된 시간 동안 꾸준히 검토 과정을 거쳤고, 토론과 교정을 통해 원고의 완성도를 높이기 위해 분주히 노력했다.

전통생활사총서는 국내에서 간행하는 생활사총서로는 가장 방대한 규모이다. 국내에서 전통생활사를 연구하는 학자 대부분을 포함하였다. 2023년도 한 해의 관계자만 연인원 132명에 달하는 명실공히 국내 최대 규모의 생활사 프로젝트이다.

1990년대 이후 폭발적으로 증가했던 일상생활사와 미시사 연구에 대한 학계의 관심이 근래에는 소홀해진 상황이다. 본 총서의 발간이 생활사 연구에 활력을 불어넣는 계기가 되기를 기대한다. 연구의 활성화는 연구자의 양적 증가로 이어지고, 연구의 질적 향상 또한 이끌 것이다. 그렇게 된다면 전통문화에 대한 대중들의 관심 역시 증가할 것으로 기대한다.

본 총서는 한국국학진흥원의 연구 역량을 집적하고 이를 대중에게 소개하기 위해 기획된 대표적인 사업의 하나이다. 참여한 연구자의 대다수가 전통시대 전공자이며 앞으로 수년간 지속적인 간행을 준비하고 있다. 올해에도 20명의 새로운 집필자가 각 어젠다를 중심으로 집필에 들어갔고, 내년에 또 20권의 책이 간행될 예정이다. 앞으로 계획된 총서만 100권에 달하며, 여건이 허락되는 한 지속할 예정이다.

대규모 생활사총서 사업을 지원해 준 문화체육관광부에 감사하며, 본 기획이 가능하게 된 것은 한국국학진흥원에 자료를 기탁해 준 분들 덕분이다. 다시 감사드린다. 아울러 총서 간행에 참여한 집필자, 토론자, 자문위원 등 연구자분들께도 감사 인사를 전한다. 책의 편집을 책임진 세창출판사에도 감사드린다. 이 모든 과정은 한국국학진흥원 여러 구성원의 노력이 있었기에 가능했다.

2024년 11월
한국국학진흥원 인문융합본부

차례

책머리에   4
들어가는 말   10

1. 호적대장과 여성주호   15

    호적대장이란   17
    호의 대표자, 주호의 역할과 자격요건   31
    주호에게 문제가 생긴다면   36
    어떤 여성들이 주호가 되었는가   44

2. 과부와 여성주호   51

    경상도 단성현의 여성주호, 과부 이씨   53
    호적대장에 과부로 기록된 여성들   58
    왜 과부에게 주호 승계를 했을까   67
    과부는 임시적인 주호였다   72

3. 조선시대의 사회적 약자, '환과고독'   79

    환과고독, 유교적 이상정치의 출발점   81
    환과고독에게 베풀어진 국가적 시혜   90
    환과고독의 파악과 호적대장의 기록   100
    과부와 홀아비를 늘리지 마라   110

나오는 말   127

주석   137

참고문헌   142

현존하는 조선 후기 호적대장에는 여성이 호戶의 대표자인 주호主戶로 기록된 사례를 적지 않게 발견할 수 있다. 그리고 주호로 기록된 여성들의 대다수는 과부寡婦였다. 이 글은 여성주호로 기록된 과부들에 대한 이야기이다. 호의 대표자를 가리키는 명칭으로는 '호주戶主'라는 용어가 우리에게 익숙하다. 그럼에도 이 글에서 '주호'라는 용어를 쓰는 이유는 조선시대에 호의 대표자를 지칭하는 명칭으로 주호가 더 일반적으로 쓰였기 때문이다.

조선 후기 국가의 공식 문서인 호적대장에 기록된 여성주호의 존재는 우리에게 몇 가지 의문점을 던져 준다. 먼저 조선 후기에 여성이 어떻게 호의 대표자가 될 수 있었는가의 문제이다. 조선 후기는 한국 역사상 부계父系 중심의 가부장제家父長制가 가장 강화되었던 시기로 이해되고 있으며, 이러한 시대상과 여성이 호의 대표자로 존재했던 사실은 상충되기 때문이다.

한국의 친족질서는 고려, 조선 전기까지는 양계적兩系的 친족질서가 일반적이었다. 이는 고대 이래로 남귀여가혼男歸女家

婚이라는 혼인 양식이 전사회적으로 관행화된 것에서 비롯되었다. 남귀여가혼은 여자 집에서 혼례를 치르고 여자 집에서 혼인 생활을 시작했던 혼인 형태로서 사위나 외손이 처가 근처에 정착하는 경우가 많았다. 이에 따라 부계뿐만 아니라 모계母系, 처계妻系를 망라하는 양계적 친족 관념이 일반적이었고, 딸과 아들의 권리와 의무 역시 비슷했다. 재산은 아들과 딸에게 균등하게 상속했고 제사 역시 아들과 딸이 그 의무를 같이했던 것이다.[1]

그런데 조선 건국 이후 성리학적 이념이 확산되면서 점차 양계적 친족질서가 약화되었고, 조선 후기에는 성리학적 이념에 기반한 부계 중심의 친족질서로 전환되기에 이르렀다. 이제 여성들은 시집살이를 시작했고, 제사도 적장자嫡長子에게 단독 상속되었으며 재산 역시 아들과 딸에게 차등을 두어 상속되었다. 이러한 친족질서의 변화로 인해 조선 후기에는 강력한 가부장제가 형성되었던 것으로 이해되고 있다.[2]

성리학적 이념의 확산과 부계 중심의 가부장적 친족질서의 강화는 여성의 사회적 지위에도 큰 영향을 미쳤던 것으로 보인다. 즉, 조선 전기까지 가족 안에서도 강한 발언권을 가지고 있었던 여성은 조선 후기부터 상속에서 제외되고 재혼이 금지되는 등 그 사회적 지위가 낮아지는 변화가 나타났던 것이다.[3] 이와 같이 조선 후기는 부계 중심의 가부장적 친족질서가 강화되고, 여성의 사회적 지위가 낮아진 시기였다는 일반적 이해와 호적대장에 기록된 여성주호의 존재는 상충할 수밖에 없다. 가부장제가 강화되었던 조선 후기 사회에서 여성이 호의 대표자가 될 수 있었던 이유는 과연 무엇일까? 이 글은 이러한 의문에 대한 해답을 찾아보기 위해 집필되었다.

조선시대 여성주호에 대해 이해하기 위해서는 국가의 공식 문서인 호적대장에 대한 이해가 선행되어야 한다. 왜냐하면 조선시대 여성에 대한 사회적 인식이나 지위를 논했던 기존의 연구는 호적대장을 분석하여 얻어진 결론이 많기 때문이다. 그런데 조선시대의 호적대장은 국가 재정의 원천인 부세賦稅 수취를 위해 작성된 문서라는 점에 그 주요한 기능이 있었다. 즉, 국가의 정책적 의도가 강하게 반영되어 있기 때문에 호적대장의 기록 자체를 사회 현실이 그대로 반영된 것으로 보기는 어렵다. 그럼에도 호적대장을 이용한 많은 연구들은 호적에 기재된 내용이 그대로 사회 현실을 반영했다는 가정하에 신분사, 가족사, 생활사의 자료로 활용했던 측면이 강했다. 최근 학계에서는 호적대장의 자료적 성격을 다양한 측면에서 검토한 연구 성과들이 제시되었다.[4] 이 글은 최근 연구들을 통해 밝혀진 호적대장의 자료적 성격에 대한 검토에서부터 시작했다.

한편, 호적대장의 여성주호에 대한 기록을 보면 여성주호의 대다수가 과부였다는 매우 특징적인 사실을 발견할 수 있다. 왜 여성주호는 대부분 과부였을까. 과부가 조선시대 여성주호의 대다수를 차지했던 이유에 대한 의문 역시 이 글의 또 하나의 출발점이다. 여성주호의 대다수가 과부였다는 사실은 조선시대 여성주호의 역사적 성격과 매우 밀접한 관련을 갖는 것으로 보인다.

과부는 남편이 사망한 여성으로서 일부 양반층 여성을 제외하면 사회적 존립 기반이 매우 취약한 존재였을 것이다. 이 때문에 과부에 대한 국가 차원의 대책이 필요했을 것으로 여겨지며, 과부와 유사한 처지에 있는 홀아비, 고아, 독신자와 같은 선상에서 인식되었다. 즉, 과부를 비롯하여 홀아비, 고아, 독신자는 이른바 '환과고독鰥寡孤獨'으로 통칭되었으며, 이들은 조선 사회의 대표적인 '사회적 약자'로 인식되었다.

이에 따라 환과고독을 보호하기 위한 일련의 국가적 정책이 시행되었는데, 과부에 대한 정책 역시 환과고독 정책의 범주에서 시행되었다. 이 때문에 여성주호로 등재된 과부에 대한 이해는 국가의 환과고독 정책과 관련하여 접근할 필요가 있다. 따라서 이 글에서는 환과고독에 대한 국가적 인식 및 정책 전반에 대해 살펴보고, 그것이 여성주호로 등재된 과부에게 어떻게 적

용되었는지의 문제를 다루었다. 이러한 접근 방법은 왜 여성주
호의 대다수가 과부였는지를 밝혀 줄 수 있는 주요한 단서이기
때문이다.

호적대장과
여성주호

.

호적대장이란

호적대장은 왜 만들어졌을까

조선시대에 호의 대표자, 주호가 기록된 대표적 호구자료는 호적대장이다. 가부장 중심의 부계적 사회였던 조선에서 여성이 호의 대표자가 될 수 있었던 배경을 이해하기 위해서는 우선 호적대장이라는 자료에 대해 이해할 필요가 있다. 호적대장은 흔히 당시의 인구를 모두 기록한 인구대장으로 이해하기 쉽다. 그런데 오늘날의 호적과 주민등록, 조선시대 호적대장은 모두 인구대장이지만 그것이 만들어진 목적과 기록 방식은 서로 다르다.

　호적에 모든 인구를 기록하기 시작한 것은 비교적 최근의 일이다. 근대 사회에 들어와서부터 비로소 호적에 모든 인구가 기록되기 시작했으며, 이는 근대가 되어서야 비로소 모든 사람이 '법인화된 인격체', 즉 법 앞에서 평등한 존재로 대우받기 시작했음을 의미한다. 이와 달리 조선시대에 작성된 호적대장에는 모든 인구가 기록되지는 않았다. 그렇다면 조선시대에는 어떤 사람들이 호적에 기록되었으며, 어떤 사람들이 호적의 기록에서 제외되었을까? 우리는 이 문제에 대한 해답을 다산茶山 정약용丁若鏞의 설명으로부터 찾을 수 있다.

　　호적에 두 가지의 법이 있으니, 하나는 핵법覈法이요, 다른 하나는 관법寬法이다. 핵법이란 한 구口도 구부口簿에서 빠뜨림이 없고 한 호戶도 호선戶蘚에서 누락됨이 없게 하여, 호적에 기재되지 않은 자는 피살되어도 검험檢驗을 받을 수 없고 겁탈을 당해도 송사할 수 없게 하는 등 호구의 실수實數를 파악하는 데 힘써 엄한 법으로서 단속하는 것이다.
　　관법이란 구를 반드시 다 기록하지 않고 호를 반드시 다 찾아내지 않고서 리里 자체가 스스로 사사 장부를

두어 요역과 부세를 할당하게 하고 관가에서는 그 대
강을 들어 총수를 파악하여 균평하게 되기를 힘써서
너그러운 법으로 인도해 가는 것이다.[5]

정약용은 호적에 인구를 기록하는 방법을 핵법과 관법으로
나누어 설명했다. 그에 따르면, 핵법은 1호 1구도 빠짐없이 모
든 인구를 기록하는 것이다. 이에 비해 관법은 모든 인구를 다
기록하지 않고 리에서 장부를 두고 요역과 부세를 할당할 만큼
의 인구를 기록하는 방법이다. 조선의 호적은 핵법과 관법 중에
서 어떤 방법을 선택하여 작성되었을까. 다시 정약용의 설명으
로부터 해답을 찾아보자.

지금 만일 정지井地를 제도대로 하여 세렴稅斂이 지나치
지 않게 하고 9부九賦를 법대로 하여 요역이 번거롭지
않게 한다면 가호家戶를 샅샅이 찾아내고 인구를 낱낱
이 조사해 낸다 하더라도 백성들이 놀라지 않을 것이
니, 핵법을 쓰기가 어렵지 않을 것이다.
온 나라가 그렇지 않은데 한 고을의 수령이 홀로 핵법
을 시행한다면 부역이 날로 증가되고 소란과 원망이
날로 일어날 것이며, 아전들이 그를 기화로 농간질을

하게 되어 백성들은 뇌물을 가져다 바쳐야 할 것이니,
이는 까닭 없이 태평한 세상에 난리를 일으키는 일이
다. 그러므로 오늘날의 수령된 자는 호적은 오직 관법
을 따를 것이다.[6]

조선 정부는 원칙적으로 핵법에 입각한 호적 작성을 천명했
다. 즉, 모든 인구를 파악하여 호적에 기록하겠다는 입장이다.
그러나 핵법에 입각한 호적 작성의 원칙은 실제로 관철되기 어
려웠으며, 자칫 백성들에게 부세를 과중하게 부담시킬 소지가
있었다. 이에 정약용은 조선의 호적이 관법에 입각하여 필요한
인원수만 파악하고 있었던 사실을 지적하였다. 조선 정부가 호
적을 작성하는 원칙은 핵법이었지만, 현실적으로 관법에 따라
호적을 작성했던 것이다.
　이와 같이 조선의 호적대장에는 모든 인구가 등재된 것은
아니었다. 호적대장에 어떤 사람들이 기록되었는가의 문제는
호적대장이 만들어진 목적과 직결된 것이다. 이에 대해서는 연
구자에 따라 견해를 달리하기도 하지만 최근 학계의 일반적 견
해는 부세 징수의 대상이 되는 존재 즉, 국가에서 필요로 하는
대상을 중심으로 호적에 기록했던 것으로 이해하고 있다.
　조선의 호구정책이 정부에서 필요한 인원만을 호적에 기록

했기 때문에 호적에 기록되는 사람은 자연인이 아닌 부세징수원을 뜻하는 정丁으로 인식되었다. 남성과 여성은 '남정男丁'과 '여정女丁'이라는 명목으로 파악되어 기록되었다. 호적대장의 호역시 울타리로 대변되는 공간적 개념의 가家가 아니라 부세 단위였다. 즉, 조선시대의 호적대장은 국가재정의 원천인 부세를 징수하기 위해 만들어진 기초대장이었던 것이다.[7]

호적대장이 완성되는 과정

호적대장은 호구 파악을 위한 지방 단위의 '대장臺帳'이다. 18세기까지 장부의 크기가 가로세로 60-80cm 정도나 되는 거질의 책자로 엮었으며 호구기록이 방대하기 때문인지 '호적대장戶籍大帳'이라 불리어 왔다. 호적대장은 호구자료의 일종一種이며, '호구단자戶口單子', '준호구準戶口' 등의 명칭으로 불리는 자료들도 역시 호구자료의 일종이다. 조선시대 호적은 호구단자의 제출에서부터 호적대장이 완성되기까지 다양한 단계를 거치며 만들어졌는데, 호구단자, 준호구, 호적대장 등의 자료는 이 과정에서 각각의 단계에서 만들어진 호구자료들이다. 여기서는 호구단자 제출로부터 시작하여 최종 결과물인 호적대장이 완성되는 과정과 여기에 적용되었던 호구 파악의 원칙을 살펴보

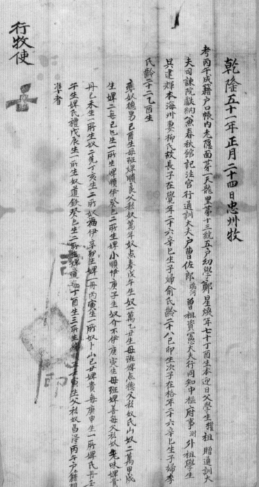

그림 1 「연일 정씨 준호구延日丁氏 準戶口」 국립중앙박물관 소장

도록 하자.[8]

　조선의 호적은 3년마다 만들어졌는데, 자子, 묘卯, 오午, 유酉로 끝나는 식년에 작성되었다. 매 식년 초 호적 업무를 총괄하는 한성부漢城府에서 호적 작성에 관한 관문關文과 사목事目을 마련하여 각 도道를 거쳐 각 읍邑에 전달하면, 각 읍에서는 임시 기구인 호적소戶籍所를 설치하여 해당 직임을 선출하고 면리面里에 전령傳令을 보내 민간에 호적 작성을 알렸다. 민간에서는 이에 따라 호별로 호구단자를 작성하여 제출했는데, 일반적으로 2통을 제출했다. 관에서는 지난 식년의 호적과 대조하여 1통은 각 호로 돌려보냈는데, 이를 준호구準戶口라고 한다.[9] 나머지 1통은 해당 식년의 호적대장을 만드는 자료로 활용했다.

　호구단자에는 면리, 통호, 호의 대표자인 주호와 처의 직역·이름·나이(간지)·본관, 주호와 처 사조四祖의 직역과 이름(외조는 본관 포함), 솔거 가족의 이름과 나이(간지), 솔거 노비와 고공의 이름과 나이(간지), 작성 연월 등을 기록했다. 각 호에서 제출한 호구단자의 내용은 중간의 확인 과정을 거쳐 호적대장에 그대로 반영되었다.

　호구단자의 수합과 정리가 끝나면 이를 바탕으로 호적중초戶籍中草가 작성되었다. 중초는 호적대장을 완성하기 전 단계에서 면리별로 작성한 초안이다. 이 중초를 바탕으로 조정을 거

『호적중초 1戶籍中草 1』 濟州 大靜郡 日課里, 사진 김경란

처 호적대장이 만들어졌다. 그런데 중초는 모든 시기에 모든 지역에서 작성된 것은 아니었으며, 현재 남아 있는 것들을 고려할 때 호적소에서 면이나 리별로 만들어진 것으로 보인다. 중초의 형식도 각 지방의 호구 파악과 호적 작성 방식에 따라 다소간 차별성이 드러난다. 중초의 형식은 지방마다 구체적인 호적의 작성 과정이 조금씩 달랐기 때문이다.

중초에서는 우선 통호統戶가 결정되었다. 1675년(숙종 원년) 오가통사목五家統事目이 반포된 이후 호적의 기재양식은 대폭 변화했다. 호구 파악을 강화하기 위해 실시된 오가통제五家統制는 각각의 호를 연달아 나열해서 서술하던 호적의 양식을 개별 호를 줄을 달리하여 기재하는 방식으로 전환시켰으며, 5호를 1통으로 작통作統하여 통마다 통수統首를 두는 것을 호적에서 제도화했다.

작통이 이루어지면 통내의 실무를 담당하는 통수가 결정되었는데, 이들은 일반적으로 평민이나 양반가의 노비층에서 충원되었다. 이와 같이 통호와 통수의 결정과 함께 중초에서는 호구의 변동 상황을 검토하고 호구 수를 집계하여 면리별 실상을 파악했다. 중초에서는 호별로 남녀 구성원 수를 일일이 따로 표시해 두기도 했지만 대개 말미에 면리 전체의 호구 수를 집계해 놓았다. 이를 통해 지난 식년 호구 수와의 증감을 비교하여 조정을 한 것으로 보인다. 이 과정에서 도별로, 다시 해당 군현별로 조정을 거쳐 호의 총수인 호총戶總과 구의 총수인 구총口總이 결정되었다. 즉, 호와 구의 총수는 실제의 호구 수의 기록이 아니라 부세 부담 능력을 고려하여 중앙정부에서 책정한 것이었다.

호적중초의 수정과 조정이 끝나면 이를 정리하여 호적대장

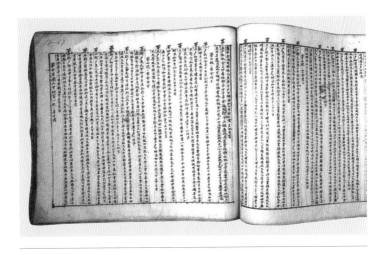

그림 3 『경상도 단성현 호적대장慶尙道丹城縣戶籍大帳』, 국가유산청 국가유산포털에서 전재

을 완성했는데, 이 과정에서 호적의 완성도를 높이기 위해 가좌 성책을 비롯한 다양한 형식의 성책을 따로 작성했다. 성책의 내용과 종류는 지역에 따라 많은 차이가 있었다. 중초와 성책이 만들어지면 교생과 원생을 동원해 대개 세 부의 호적을 등서해 완성하여 식년 초까지 한성부와 감영에 한 부씩 올려 보내고 한 부는 해당 군현에 소장했다.

이상과 같이 호적 작성의 모든 과정은 엄격한 법적 규제를 받고 있었다. 하지만 18세기 후반 이후 호적 기록은 갈수록 부실해지고 엄밀성이 떨어지면서 형식화되기도 했다. 그럼에도 조선 말기까지 호적은 꾸준히 작성되었으며, 조선 정부의 기본

26

적인 통치 대장으로서 의미를 가진 자료였다.

경상도 단성현의 호적대장

　조선시대의 호적대장은 17세기 이후의 것이 지역 단위의 책
자로 현존한다. 지역적으로는 경상도 지역의 호적대장이 집중
적으로 남아 있다. 양적으로는 대구부, 울산부의 호적대장이 가
장 많고, 지방의 하부행정단위인 면리 전체를 망라하는 것으로
는 단성, 언양현의 호적대장이 대표적이다. 현존하는 대표적
인 호적대장의 작성 시기 및 수록 지역은 다음의 【표 1】과 같다.
　이 책에서 주 자료로 이용한 호적대장은 17-19세기 경상도
단성현에서 작성된 것이다. 조선 후기 경상도 단성현은 지리산
과 경상우도慶尙右道의 중심지인 진주晉州에 인접한 전형적인 농

지역	자료 연대	책 수	총 면리수
대구	1681-1876년	187책	902개면
단성	1606-1888년	38책	160개면
울산	1609-1891년	55책	122개면
상주	1681-1753년	7책	33개면
언양	1708-1861년	9책	24개면

(* 19세기 호적: 제주 대정, 김해, 창녕, 안의, 칠원, 진주, 사천, 하동 등)

표1　조선시대(17-19세기) 현존호적

촌 지역이었다. 단성현은 당시 경상도 서부 지역에서도 가장 작은 고을에 속하여 '잔읍殘邑'으로 인식되었던 지역이었지만, 비옥한 토지 등 넉넉한 경제적 기반을 바탕으로 사족들이 상대적으로 많이 거주했다. 더욱이 경상우도의 중심지인 진주와 인접하여 경상도의 유력 사족과의 교유 및 연대도 활발하여 비교적 사족의 영향력이 안정적으로 유지되었던 지역으로 볼 수 있다.[10]

　단성현 호적대장은 17세기 전반부터 19세기 말에 걸쳐 작성된 것이 현존할 뿐만 아니라 작성 시기마다 전체 행정 구역을 담고 있는 대장이 많이 남아 있다는 장점을 가지고 있다. 이 때문에 일찍부터 연구자들의 관심의 대상이 되었으며, 연구자료로 가장 많이 이용되었다. 현존하는 단성현 호적대장으로 가장 빠른 시기의 것은 1606년의 호적대장으로 규장각에 소장되어 있다. 이것은 산음山陰(지금의 경상남도 산청군) 호적대장에 단성현이 속현으로서 함께 붙어 있으며, 역시 책자로 현존하는 가장 빠른 시기의 호적대장이다. 그러나 이후의 단성현 호적대장은 독립적으로 작성되어 1678년부터 1789년 사이의 책자는 단성향교丹城鄕校에 소장되어 있으며, 경상남도 유형문화재로 지정되었다. 19세기의 호적대장도 단성 지역에 남아 있었으나 일제 강점기에 일본으로 넘어가 현재 도쿄에 있는 가쿠슈인(學習院)

대학 도서관에 소장되어 있다.

    단성 지역은 단성현 호적대장이 학계에 소개된 1970년대 후반부터 조선시대 사회사 사례연구의 주요한 대상이 되기 시작했다. 특히 단성현 호적대장은 군현 전체의 호적대장이 17세기-19세기에 걸쳐 현존하여 조선 후기 전全 기간에 걸친 변화상을 추적하기에 매우 용이하다는 점에서 관심의 대상이 되었다. 그런데 호적대장을 이용한 기존의 연구는 호적대장 전체에

그림 4 산청 단성향교丹城鄕校 향안실鄕案室 전경, 국가유산청 국가유산포털에서 전재

대한 분석이 이루어지지 않고 연구자의 임의에 따라 일부 면面과 식년에 대한 자료 정리와 분석이 이루어지는 경우가 많았다. 이는 현존하는 호적대장의 양이 대단히 방대하여 한 개인의 힘으로 정리하기에는 매우 어려운 일이었기 때문이다.

그러나 각 식년 단위의 기재상에 많은 변화가 나타나고, 이것이 정부의 호구정책의 변화 및 호적대장의 성격 변화의 결과라는 점을 감안하다면 자칫 임의의 일부 식년만을 대상으로 한 연구는 오류를 범하기 쉽다. 이러한 문제의 극복을 위해 단성현 호적대장을 전산화하는 작업이 공동으로 이루어졌다.

성균관대학교 대동문화연구원에서는 단성현 호적대장의 전산데이터베이스화 작업을 완료했고, 뒤이어 대구부 호적대장의 전산데이터베이스화 작업 역시 완료하여 그 결과물을 일반에 공개했다. 울산부 호적대장 역시 울산대학교에서 전산데이터베이스화하여 서울대학교 규장각한국학연구원에서 그 결과물을 공개하고 있다. 이를 계기로 학계의 호적자료 활용도가 높아졌다.

한편, 호적대장은 다른 전근대의 자료와 마찬가지로 한자로 기록되어 있기 때문에 그동안 전문 연구자가 아닌 일반 대중들이 접근하기 어려웠다. 호적대장의 전산데이터베이스화를 통해 한글로 정보를 제공함으로써 일반 대중도 전근대 인구기록에 대해 보다 쉽게 접근할 수 있게 되었다. 이 책의 내용은 성균관대학교 대동문화연구원에서 완료한 전산화 작업을 바탕으로 분석한 것이다.

호의 대표자, 주호의 역할과 자격요건

주호의 명칭과 역할

호의 대표자를 지칭하는 용어와 개념은 호구 파악 방식에 따라 시대별로 변화했다. 조선 후기에는 우리가 흔히 알고 있는 '호주'라는 용어보다 '주호主戶'라는 용어가 일반적으로 사용되었다.

조선 건국 초기인 15세기에는 호의 대표자를 지칭하는 용어로 주호와 호주가 함께 사용되었는데, 조선 후기에는 호의 대표자를 일반적으로 주호라 불렀던 사실을 여러 자료에서 확인할 수 있다. 『수교집록受教輯錄』과 『신보수교집록新補受教輯錄』 등의 법전에서는 호적을 작성할 때 누호漏戶가 발생하면 그 책임을 주호에게 묻도록 규정했고, 많은 부세관련 자료에서 호의 대표자를 지칭하는 용어로 주호가 보편적으로 사용되었다. 조선 후

기에도 호주와 호수戶首라는 용어가 사용되기도 했지만, 그 용례가 아주 드물다.[11]

이와 같이 조선 후기에는 호의 대표자를 주호로 지칭하는 것이 일반화되었는데, 이때 주호는 부세책임자로서의 역할을 담당하는 존재라는 의미였다. 앞에서 언급했듯이, 법전에서는 누호가 발생하면 그 책임을 주호가 지도록 규정했고, 환곡이나 전세 등의 부세를 납부하지 못했을 때도 주호를 처벌했다. 이는 부세납부의 최종 책임이 주호에게 있었다는 의미이다.

호의 대표자인 주호는 국가재정의 근간이 되는 부세 납부를 책임지는 존재로서 그 역할이 부여되었기 때문에 조선 정부는 호적을 통해 인민을 파악할 때 개별 호의 첫 번째에 기재된 사람을 중심으로 호내戶內 구성원의 관계를 설정했다. 조선의 호적에는 호의 대표자를 지칭하는 용어를 직접 기재하지 않았고, 다만 호의 첫 번째에 기재된 사람을 주호로 간주했을 뿐이다. 호의 구성원은 개별 호의 대표자인 주호를 중심으로 그의 처, 자, 녀, 노, 비 등으로 관계가 설정되어 있다. 정부가 주호를 중심으로 호내 구성원의 관계를 파악했다는 사실은 주호가 차지하는 위상을 전해 주며, 이는 국가로부터 부세 책임자의 역할을 부여받았다는 점이다.[12]

주호의 자격요건

　조선 정부는 부세 납부와 관련된 책임소재를 분명히 하려는 의도에서 부세 납부의 책임자인 주호를 중심에 놓고 호내 구성원의 관계를 설정하는 호적대장 기재 양식을 제도화했고, 그 규정은 다음과 같이『경국대전經國大典』호구식戶口式에 법제화되었다.

> 주호는 무슨 부部 무슨 방坊 몇 리里지방일 경우에는 무슨 면面 무슨 리라 한다에 사는 무슨 관직의 성명·나이·본관本貫·사조四祖를 기록하고, 그의 아내 아무개 씨氏·나이·본관·사조를 기록하며, 한집에 데리고 사는 자녀 아무개와 아무개 및 나이사위일 경우에는 본관까지 아울러 기록한다를 기록하고, 노비奴婢·고공雇工 아무개와 아무개 및 나이를 기록한다.[13]

　『경국대전』호구식은 주호부부, 자녀 및 노비와 고공 같은 예속인을 호의 구성원으로 인정한다. 따라서 혼인한 남자는 호를 구성할 자격을 갖게 됨을 알 수 있다. 그렇다면 어떤 사람들이 호의 대표자인 주호가 되었을까. 아마도 가족 중에서 최고 연장자인 가장家長이 주호가 되었을 것으로 생각하기 쉽다. 그런데 다음에 소개하는 호의 구성은 이러한 이해에 반하는 것이다.

5호 봉수보 권귀영 나이 30세 … 부父 통정대부 점이 나이 70세 … 모母 윤소사 나이 65세 … 처妻 이소사 32세 … 매妹 권소사 나이 25 …[14]

위에 소개한 자료는 1717년 단성현 도산면 2리 문태촌 1통 5호의 기록이다. 이 호의 주호는 첫 번째에 기재된 권귀영이다. 여기에서 특이한 점은 나이가 70세인 권기영의 아버지(父) 점이가 호내에 솔하인率下人으로 기재되었다는 사실이다. 아버지가 살아 있는데도 아들이 주호가 된 것이다. 가족 중에서 최고 연장자인 아버지가 아닌 아들이 주호였다는 사실은 상당히 생소하게 다가올 수 있다.

그런데 이러한 사례는 권귀영의 호에만 나타난 특이한 양상은 아니었다. 권귀영의 호가 기재된 1717년의 단성현 호적대장에는 아들이 주호로, 아버지는 아들의 호에 솔하인으로 기재된 사례가 무려 134건이다. 게다가 이 같은 사례는 1717년에만 나타난 특이한 양상이 아니었고 다른 식년에 작성된 호적대장에서도 흔하게 찾아볼 수 있다.[15] 가족 중에서 최고 연장자이자 가장인 아버지가 아니라 아들이 주호가 되었던 사실을 어떻게 이해할 수 있을까?

조선의 호적법은 혼인한 사람이면 누구나 주호가 될 자격을 부여했다. 즉, 가장만이 오직 주호가 될 수 있는 것도 아니었고, 가족 중에서 최고 연장자만이 주호가 될 수 있는 것도 아니었다. 조선의 호적법은 부모가 자식의 솔하에 기재되어도 별 문제를 삼지 않았고, 형이 동생의 솔하에 기재되는 것도 허용했다. 그 결과 호적대장에는 아버지가 주호인 아들의 솔하인으로 편입되는 경우가 적지 않았던 것이다. 그뿐만 아니라 조선시대 호적은 혼인한 남성을 주호로 등재하는 것을 원칙으로 했기 때문에 남편과 사별한 여성은 일반적으로 아들의 솔하에 기재되었다. 여기에서 우리는 조선시대의 주호가 가장을 의미하는 것이 아니었음을 알 수 있다. 즉, 조선시대에는 호의 대표자인 주호와 가부장적 가家의 대표인 가장을 동일시할 수 없다는 점을 유념해야 한다. 국가에서 주호의 등재와 관련하여 가장 관심을 기울인 점은 호를 지속적으로 유지하는 동시에 부세 납부의 책임을 질 수 있는 호의 대표자를 세우는 것이었으며, 반드시 가장을 주호로 세우려 한 것은 아니었다.

주호에게 문제가 생긴다면

주호가 바뀌어야 하는 상황

조선 정부가 주호를 중심으로 호 구성원의 관계를 파악했다는 사실은 주호가 차지하는 위상을 보여 주며, 그만큼 정부가 호적을 작성할 때 호의 대표자인 주호를 중요하게 여겼던 것이다. 따라서 주호에게 문제가 생겨 주호의 역할을 하지 못했을 때는 호의 단절을 피하기 위해 주호를 교체했다.[16] 호의 단절은 곧바로 부세 수취에 영향을 미쳤기 때문이다. 그렇다면 주호가 바뀌어야 하는 상황은 어떤 것이었을까. 다음의 【표 2】를 보자.

【표 2】는 조선 후기 단성현에서 주호를 교체해야 했던 사유를 시기별로 정리한 것이다.[17] 17세기 후반-19세기 중반에 작성

연도	사망	도망	별호	상전호입	이거	사유 무기	합계
1678년	156						156
1732년	168	2		2	3	21	196
1759년	68	1	1	1	2	36	109
1789년	164					5	169
19세기 전반	91					2	93
19세기 중반	117						117

표 2 　주호 교체 사유의 추이

된 단성현 호적대장 중에서 대략 30년 단위로 검토대상 자료를 선정하였다. 30년 단위로 검토한 이유는 그 경향성을 파악하기 위해서이다. 이를 보면, 주호의 사망이 가장 큰 교체 사유였음을 알 수 있다. 이 밖에도 주호의 도망, 별도의 호를 세운 별호別戶, 노비였던 주호가 상전의 호에 들어간 상전호입上典戶入, 다른 지역으로의 이거 등의 사유도 볼 수 있다. 그런데 사망 이외의 사유는 상대적으로 많지 않았다.

이와 같이 사망 등의 이유로 주호가 교체되어야 할 경우에는 호적대장에 그 사실을 명기했는데, 이에 대한 기재 양식은 주호의 유고有故 사유에 따라 다양했다. 다음은 주호의 유고기록 양식을 사유별로 정리한 것이다.

① 第○戶, ○○故(代)子○○ (호○번, 주호○○사망, 아들○○가 대신함)

② 第○戶, ○○逃(代)子○○ (호○번, 주호○○도망, 아들○○가 대신함)

③ 第○戶, ○○移居(代)子○○ (호○번, 주호○○이거, 아들○○가 대신함)

④ 第○戶, ○○別戶(代)子○○ (호○번, 주호○○별호, 아들○○가 대신함)

⑤ 第○戶, ○○上典戶入(代)子○○ (호○번, 주호○○상전

호에 들어감, 아들○○가 대신함)

⑥ 第○戶, ○○爲僧(代)子○○ (호○번, 주호○○승려가 됨,

아들○○가 대신함)

⑦ 第○戶, ○○代子○○ (호○번, 주호○○, 아들○○가 대

신함)

위의 ①-⑦유형은 3년 전 호구조사에서 주호로 등재되었던
자가 현재 다시 조사될 때 문제가 발생하여 주호가 아들로 교체
된 형식을 분류한 것이다. ①의 유형은 원래의 주호가 사망하고
그 아들이 호의 첫 번째에 기재된 유형이다. 이 유형에서 확인
할 수 있듯이, 주호 유고기록을 보면 주호의 교체 사유와 더불
어 새롭게 주호가 된 자를 확인할 수 있다.

②-⑥의 유형은 각각 주호의 도망, 이거, 별호의 형성, 상전
호의 솔하인으로 들어간 것, 승려가 된 것 등을 사유로 주호가
아들로 교체된 유형이다. ②-⑥의 유형도 원래의 주호가 사망
한 ①의 유형과 마찬가지로 주호의 교체 사유와 더불어 새롭게
교체된 주호가 기재되었다. 이 밖에 주호 유고에 대한 구체적
사유가 기재되지 않은 채 새로운 주호로 교체된 유형이 있으며,
⑦의 유형이 그것이다.

이와 같이 주호의 유고기록을 보면, 주호가 교체된 이유와 새롭게 교체된 주호를 대부분 확인할 수 있다. 위의 유형들은 모두 원래의 주호에게 문제가 발생하여 그 아들에게 주호의 위치가 승계된 사례를 예시한 것이다. 그런데 원래의 주호에게 유고가 발생했을 때에 주호의 위치를 승계한 자는 아들 이외에도 주호와 다양한 관계에 있었던 사람들이었다. 이 사람들과 유고가 발생한 주호와의 관계를 확인하면 어떤 사람들에게 주호의 자리가 승계되었는지를 알 수 있다.

누구에게 주호 승계를 했을까

주호가 교체되었을 때 새롭게 주호가 된 사람들은 어떤 사람들이었을까? 유고 사유가 명기되었다는 것은 원래의 주호가 더 이상 주호의 자리에 설 수 없음을 의미했다. 이때 유고기록이 명기된 전前 주호 다음 순서에 기재된 호내 구성원이 새로운 주호로 이해된다. 또한 새롭게 주호를 승계한 자는 전주호와의 관계가 명기되는 것이 일반적이었다. 유고기록에는 새롭게 주호를 승계한 호내 구성원이 주호를 대신한다는 '대代' 또는 '대호代戶'라는 표시를 하는 경우가 많았으며, 때로는 '대', '대호'라는 기록은 생략된 채 곧바로 유고 사유만이 기록되기도 했다.

사망의 경우를 예시하면, 원래의 주호가 사망하면 새롭게 주호를 승계한 호내 구성원에 따라 아들이 주호승계를 한 고대자故代子 양식을 비롯하여 고대처故代妻, 고대손故代孫, 고대형故代兄, 고대제故代弟 등 매우 다양한 양식으로 기록되었다. 사망 이외의 사유로 주호가 교체된 경우에도 새로운 주호에 따라 다양한 유형으로 기록되었다. 이를 통해 볼 때, 주호 유고 시 새롭게 주호의 자리를 승계한 자는 전주호의 처, 자, 손, 부夫 등의 직계가족뿐만 아니라 형제, 형수, 질姪, 처부 등의 방계가족도 포함되어 그 범위가 매우 넓었으며, 노비에게 주호를 승계한 유형도 있었다.

대표적인 유고 사유였던 주호의 사망이 발생했을 때 누구에게 주호의 지위가 승계되었는지를 살펴보면, 가장 일반적으로 주호 승계를 한 대상을 알 수 있을 것이다. 【표 3】을 보자.

【표 3】은 주호가 사망했을 때 주호의 자리를 승계한 사람들에 대해 유형별로 검토한 것이다. 주호의 사망과 관련하여 가장 많이 나타나는 기재 양식은 고대자와 고대처로 기재된 유형이었다. 특히 주호 사망 시 아들에게 주호를 승계하는 고대자의 유형이 가장 많았다. 따라서 원래의 주호가 사망하면 그 아들이 주호의 지위를 승계하는 경우가 가장 일반적이었음을 알 수 있다.

그런데 고대처의 유형 즉, 처가 주호를 승계했던 사례 역시

연도	고대처	고대자	고대부(婦)	고대녀	고대손	고대손녀	고대부(父)	고대모	고대첩	고대형	고대제	고대서(壻)	고대질	고대노비	합계
1678년	140	9		3			1		3						156
1732년	70	83	2	2	1	1		2			2	2	1	3	168
1759년	23	34		2	2			3			2	2			68
1789년	57	99	1		1		1	2			3				164
19세기 전반	7	76	1		2			1			4				91
19세기 중반	2	108			6						1				117

표 3 주호 사망 시 주호승계자

적지 않았음을 볼 수 있다. 이 경우는 여성이 주호를 승계한 것이다. 고대처 유형은 특히 17세기 후반에 압도적으로 많이 기재되어 있었다. 18세기 이후에는 고대자 유형으로 기재된 유형이 고대처 유형을 압도하고 있으나, 여전히 고대처 유형도 적지 않음을 볼 수 있다. 그렇다면 주호가 사망했을 때, 아들 못지않게 처가 주호 승계를 하는 일이 많았던 것일까?

그런데 여기에서 고대처 유형으로 기재된 경우는 좀 더 유의해야 할 점이 있다. 사망한 남편 대신 호의 첫 번째에 기재된 여성을 곧바로 주호로 보기는 어렵기 때문이다. 다음의 자료를 보자.

과부寡婦는 집안일을 주관하더라도 장성한 아들이 있

으면 그 아들을 주호로 삼는다.[18]

위의 자료는 1774년에 내려진 『갑오식호적사목甲午式戶籍事目』에 규정된 한 조목이다. 호적사목은 호적을 작성하는 시행세칙으로 법령과 같은 것이다. 1774년은 갑오년이었기 때문에 이 해에 전국적으로 호적을 만들면서 내려진 시행세칙을 '갑오식 호적사목'이라고 지칭한 것이다. 그리고 여기에서 규정된 세칙 중에 '과부는 남편이 사망하여 집안일을 주관하더라고 장성한 자식이 있으면 주호가 될 수 없음'을 밝힌 것이다. 이러한 법령이 내려진 이유는 무엇이며 그 의미는 어떤 것일까?

위의 호적사목의 내용은 법적으로 여성은 주호였던 남편이 사망하더라도 호내 구성원 중에 주호로 삼을 만한 성년의 남성이 있는 경우에는 주호가 될 수 없음을 규정한 것이다. 즉, 여성이 주호가 되는 것은 법적으로 매우 제한적이며, 호내의 장성한 남성을 주호로 세우는 것이 원칙이었던 것이다. 이러한 법적인 규정은 고대처의 유형으로 여성이 호의 첫 번째에 기재되었더라도, 곧바로 주호로 확정하기 어려움을 보여 준다. 다음에 예시할 준호구 역시 이러한 사실을 확인시켜 준다.

신유년에 작성한 호구장적 내에 경주부의 북쪽 안강현

安康縣 강동면江東面 제2리 양좌촌良佐村 제7통 3호 **고**故

무공랑 손익孫釴 **처**妻 **정씨**鄭氏 … **솔자**率子 **여직**汝稷 나

이 54세 … 등 2구 자수自首

호수戶首 **솔자**率子 **유학**幼學 **손여직**孫汝稷[19]

　위의 자료는 1681년(숙종 7)에 작성된 경주慶州의 경주 손씨慶
州孫氏 가문의 준호구이다. 이 준호구에는 원래 주호였던 손익孫
釴이 죽고 그의 처妻인 정씨鄭氏가 고처故妻의 형식으로 준호구의
첫 번째 순서에 기재되었으며, 그 아들인 손여직孫汝稷이 솔자로
기재되어 있다. 그런데 여기에서 주목되는 사실은 준호구의 끝
에 주호로서 처인 정씨가 아니라 아들인 손여직이 기재되었다
는 것이다. 즉, 주호였던 손익이 죽고 그 아들이 주호가 됐음에
도 불구하고 손익의 처가 고대처의 유형으로 준호구의 첫 번째
에 기재되었고, 새로이 주호가 된 아들 손여직은 준호구의 본문
안에는 솔자로서 기재되었다는 점이다.

　위의 준호구의 내용을 통해서 호적대장이 작성된 식년에 주
호가 사망하고 고대처의 유형으로 기재된 경우에는 호의 첫 번
째에 기재된 여성을 주호로 확정하기 어려움을 알 수 있다.[20]
사망한 전주호 대신 누가 주호 승계를 했는지의 여부는 3년 뒤
에 작성된 호적대장의 내용을 확인해야 정확하게 알 수 있다.

호적대장은 준호구와는 달리 주호라는 명칭을 직접 표기하지 않았기 때문이다.

이상에서 검토한 조선 후기 단성현 호적대장의 주호 유고기록은 두 가지 경향성을 갖고 기재되었다. 먼저 주호의 자격요건은 기본적으로 '장성한 남성'이었다는 점이다. 이는 호적사목에 규정된 법령에 명시되었으며, 호적대장의 주호 유고기록에 나타난 주호승계 형태를 통해 다시 한번 확인된다. 다음으로는 주호의 유고기록이 단순한 유고의 기재에 그치는 것이 아니라는 점이다. 주호에게 문제가 발생했을 때 기재하는 유고기록은 호를 유지·확보하기 위한 의도를 갖고 기재되었던 것이다.

어떤 여성들이 주호가 되었는가

여성주호의 비율

주호는 부세 납부의 책임을 지고 있었기 때문에 국가에서는 이 역할을 제대로 수행할 수 있는 대상을 선정하고자 했다. 법적으로 혼인을 한 성년의 남성을 주호로 세우도록 규정한 이유도 바로 여기에서 찾을 수 있다. 이러한 호구정책의 원칙에도 불구하고 호적대장에는 여성이 주호로 등재된 사례가 적지 않게 발견된다.

여성이 주호로 등재된 호는 사료상에서 '여호女戶'로 지칭되었다.[21] 여호라는 별도의 명칭으로 파악했다는 사실은 여성이 주호로 등재된 호를 일반호와 다르게 인식했음을 보여 준다. 그 구체적인 내용을 알아보기에 앞서 호적대장에 등재된 여성주

연도	남성주호		여성주호		고(대)처		전체 호수
	호수	비율	호수	비율	호수	비율	
1678년	1880	89%	86	4%	152	7%	2118
1717년	2360	94%	98	4%	60	2%	2518
1720년	2429	95%	86	3%	48	2%	2563
1729년	2756	95%	100	3%	56	2%	2912
1732년	2678	92%	158	5%	75	3%	2911
1735년	1867	91%	150	7%	33	2%	#2050
1750년	2174	88%	251	10%	21	2%	#2446
1759년	2130	89%	262	10%	32	1%	#2424
1762년	2579	94%	133	5%	7	1%	#2719
1780년	2785	94%	167	5%	26	1%	2978
1783년	2835	94%	143	5%	25	1%	3003
1786년	2903	95%	119	4%	18	1%	3040
1789년	2396	93%	118	5%	58	2%	#2573
19세기 전반	3012	98%	67	2%	3	–	3082
19세기 중반	2605	99%	26	1%	1	–	2632

(# 결락이 심한 연도)

표 4 단성현 호적대장에 등재된 주호의 남녀 비율

호는 어느 정도의 비율을 점하고 있었는지 살펴보자.

【표 4】는 17세기 후반-19세기 중반까지 자료가 현존하는 모든 식년의 단성현 호적대장에 기재된 남성주호와 여성주호의 비율을 대비한 것이다. 시기별로 약간의 차이는 있지만 17세기 후반-18세기에는 전체 호 중에서 여성이 주호로 등재된 비율이 대략 5% 내외였음을 볼 수 있다. 18세기 중반 무렵인 1750년, 1759년에는 일시적으로 10%까지 증가했으나, 이후 다시 5% 정도를 유지하고 있었다. 이에 비해 19세기에 들어서는 여성주호의 비율이 상당히 감소했던 점도 특징적이다.[22]

이와 같이 시기별로 차이는 있지만, 남성이 주호인 호는 대략 95% 내외였던 것에 비해 여성이 주호인 호는 5% 내외가 가장 많았음을 알 수 있다. 이를 통해 볼 때, 조선 후기 여성주호의 비율은 남성주호에 비해 상대적으로 매우 낮았다. 이러한 사실은 기본적으로 호를 대표하는 주호의 지위는 남성에게 일차적으로 주어졌음을 보여 준다. 그럼에도 불구하고 여성주호가 꾸준히 5% 정도의 비율을 유지했던 이유는 무엇이었으며, 남성주호와 어떤 차별성을 갖고 있었는지의 문제에 대해서도 밝힐 필요가 있다. 이는 조선의 호구정책의 성격을 이해할 수 있는 주요한 단서이기 때문이다.

여성주호의 기재사항에 보이는 명칭들

조선의 호적대장에 주호로 등재된 여성들은 어떤 사람들이 었을까? 조선에서 어떤 여성들이 주호가 되었는지의 문제를 분석할 때 주목되는 점은 여성주호의 인적 정보를 기재하는 사항에 보이는 명칭들이다. 이 명칭들은 여성의 직역을 기재하는 난에 기재되어 있다. 직역職役이란 원래 중세 국가에서 개인을 인신적으로 지배하기 위해 각자에게 부여된 역役의 명칭으로서 호적에서 인민을 파악할 때 가장 중요한 정보이며, 기본적으로 남성에게 부과되는 것이었다. 그런데 직접적인 국역國役부과 대상이 아닌 여성의 경우에도 직역을 기재하는 난에 특정한 명칭이 기재된 경우가 다수 나타난다. 왜 직접적인 역부과 대상자가 아닌 여성에게 직역명칭이 기록되어 있었을까?

단성현 호적대장에 기재된 남성의 약 80%는 직역이 기재되어 있었다. 그런데 시기적인 차이는 있지만 여성에게도 직역이 기재되어 있어 주목된다. 직역이 기재된 여성이 가장 많았던 시기는 18세기 전반이며, 전체 여성 중에서 40-50%의 여성에게 직역이 기재되어 있었다. 이와 같이 일반적으로 국가에서 부여한 직역과 무관한 것으로 알려진 여성에게도 호적대장의 직역란에 특정 명칭이 기재되었으며, 그 비율은 결코 적지 않았다.

여성의 직역란에 표기된 명칭은 남성에 비해 단순했으며, 가장 많이 기재된 직역명은 과부寡婦, 과녀寡女, 양녀良女, 비婢 등으로 집약된다. 이 중에서 각종 비婢 즉, 공사천公私賤 여성의 경우는 직접적인 신역身役부과 대상이었기 때문에 직역명이 기재된 것은 당연한 일이었을 것이다. 나머지의 명칭들 즉, 크게 과부, 과녀, 양녀 등으로 대별되는 직역도 크게 국가에 의해 형성된 '직역체제'를 중심으로 부세제도의 운영과 관련되었던 것으로 알려져 있다. 즉, 국가에서 세금을 부여하는 근거인 직역체제를 보완하려는 의도에서 여성에게 일련의 직역이 부여되었다.[23]

그렇다면 주호로 기재된 여성들에게는 어떤 직역명이 기록되어 있었을까? 이는 어떤 여성들이 주호가 되었는지를 해명할 수 있는 실마리를 제공한다. 【표 5】는 단성현 호적대장에 기재된 여성주호 직역란에 표기된 명칭들을 분류한 것이다. 【표 5】를 보면 여성주호의 직역란에는 과부, 과녀, 양녀, 비 등의 여성 직역명이 기재되어 있음을 볼 수 있다. 그런데 압도적으로 많은 명칭은 과부, 과녀로 기재된 여성주호이다. 더욱이 18세기 후반 이후에는 여성주호의 대다수가 과부, 과녀였다. 비가 주호로 기재되어 있어 직접적인 신역부과 대상인 노비호奴婢戶를 제외하면 그 비율은 더욱 커진다.

직역명	1678년	1732년	1759년	1789년	19세기 전반	19세기 중반
과부	0	29	50	39	22	6
과녀	39	94	167	55	43	20
양녀	11	7		3	1	
비(婢)	35	22	32	8	1	
직역 무기(無記)		2	13	10		
기타	1	4		3		
합계	86	158	262	118	67	26

표5 여성주호의 직역란에 기재된 명칭

이러한 사실을 통해 조선의 호적대장에 등재된 여성주호의 대부분이 과부, 과녀였음을 알 수 있다.[24] 과녀는 과부와 마찬가지로 남편이 사망한 여성이다. 단, 과부와 과녀는 신분적인 차이가 있으며 이 때문에 각기 다른 명칭으로 기록되었던 것으로 보인다. 이에 대한 자세한 설명은 잠시 뒤로 미루기로 하자.

여성주호의 직역란에 과부, 과녀라는 명칭이 기재되었다는 것은 호구정책과 관련된 어떤 필요성이 있기 때문이었을 것이다. 왜 여성주호에게는 직역명이 기재되어 있으며, 여성주호의 대부분이 과부, 과녀였던 이유는 무엇일까? 이러한 의문에 대한 해명은 조선의 호적에 왜 여성을 호의 대표자로 등재했는가의 문제에 대한 해답을 내려줄 것이다.

2

과부와
여성주호

경상도 단성현의 여성주호, 과부 이씨

주호가 된 과부 이씨

1783년에 작성된 경상도 단성현의 호적대장에는 총 112명의 과부에 대한 기록이 있다. 단성현 도산면 등광촌에 살았던 과부 이씨李氏도 이 중 한 명이었다. 과부 이씨는 등광촌 1통 2호의 대표자인 주호로 등재되어 있었다. 이씨의 기록을 살펴보면, 직역을 기재하는 난에 과부로 명기되어 남편이 사망한 미망인이었음을 알 수 있다.

이씨의 호에는 당연히 남편은 기재되지 않았고, 그녀의 가족으로는 아들 1명이 기재되어 있었다. 아들의 이름은 낙조樂祖이며 성씨姓氏와 직역에 대한 기록이 없으며 나이는 17세였다. 당시에 역役을 부과하는 성년의 나이가 16세였다는 점에 비추어 보면, 막 미성년을 벗어나는 나이였음을 알 수 있다. 이 밖에 호내에는 3명의 노비가 기재되어 있었다.

과부 이씨가 주호가 된 시점을 확인하기 위해 1783년 이전의 호적대장을 추적해 본 결과, 3년 전인 1780년 호적대장에서 남편의 사망기록을 확인할 수 있었다. 1780년 등광촌 1통 2호에는 '유학유보 고대처이씨幼學柳木+寶 古代妻李氏'라는 기록을 찾을 수 있다. 이 해에 이씨의 남편인 유학 유보가 사망하여 이씨가 주호의 자리를 승계했던 것이다.

그런데 주목할 점은 3년 후인 1783년 호적대장에는 기록되어 있는 아들 낙조가 1780년에는 기록되어 있지 않았다는 사실이다. 이씨의 남편인 유학 유보의 사망신고가 되었던 1780년 호적대장에는 아들 낙조가 누락되어 있었던 것이다. 누락되어 있던 아들 낙조는 1780년에는 나이가 14세로 주호가 될 수 없었던 연령이기도 했다. 따라서 고대처 양식으로 기재된 호였지만 호내에 다른 남성이 기록되어 있지 않아 이씨를 바로 주호로 볼 수 있다. 다른 호내 구성원으로는 어머니인 주씨가 기록되었지만 그녀 역시 '고故'로 표기되어 이미 사망했음을 알 수 있다.

이 밖에 1783년과 동일하게 3명의 노비가 기재되어 있었다.

이와 같이 1780년 남편의 사망했던 시점에 '고대처'라는 주호의 유고 사유가 기록되었던 이씨의 호는 3년 뒤인 1783년에 이씨가 정식 주호로 등재되었으며, 직역란에 과부라는 명칭이 표기되어 있었다. 앞에서 언급했듯이, 이 해에는 아들 낙조가 기록되어 있지만, 직역도 기재되지 않았고 나이 역시 막 성년의 나이를 지난 17세였다.

아들에게 주호의 자리를 넘겨주다

그런데 3년 뒤인 1786년 호적대장을 보면, 이씨는 더 이상 주호의 위치에 있지 않았다. 1786년 등광촌 1통 2호의 주호로 등재된 사람은 유낙조柳樂祖였는데, '개명봉우改名鳳羽'라는 기록이 부기되어 유봉우로 개명을 했음을 알 수 있다. 또한 유낙조의 기록 앞에는 '과부이씨대자寡婦李氏代子'라고 표기되어 있어 유낙조가 어머니 이씨로부터 주호의 자리를 승계했음을 알 수 있다. 과부 이씨는 남편의 사망 시점으로부터 6년이 되지 않아 주호의 자리를 아들에게 넘겨준 셈이다. 앞에서 확인했듯이, 주호가 바뀌는 가장 큰 사유는 주호의 사망이었다. 그런데 이씨는 사망하지 않았음에도 아들에게 주호의 자리를 넘겨준 것이다.

　주호 유낙조의 가족은 처 이씨와 모 이씨가 기재되었다. 이 기록으로 보아 유낙조는 1786년 무렵에 혼인을 했음을 알 수 있고, 나이는 20세로 성년이었다. 주호가 될 만한 자격요건을 갖춘 것이다. 혼인을 한 성인 남성이라는 조건은 국가에서 주호를 세울 때 가장 중요한 자격요건이었기 때문이다. 그런데 3년 전의 호적대장에 주호로 등재되었던 유낙조의 모 이씨는 '모母'라고 기재되었을 뿐 '과부'라는 명칭이 표기되지 않아 주목된다.

　이상에서 살펴본 18세기 후반 단성현에 살았던 과부 이씨의 사례는 여성주호의 전형적인 형태를 보여 준다. 먼저, 여성주호 중에서 상당수가 과부였다는 점이다. 이씨가 정식 주호로 등재된 1783년 단성현의 호적대장에 기록된 과부는 총 112명이었다. 이 중에서 2명을 제외한 110명이 호의 대표자인 주호로 등재되어 있었다. 또한 앞의 【표 4】를 보면, 1783년 단성현의 여성주호는 143명이었는데, 이 중에서 110명이 과부였던 사실도 여성주호의 대다수가 과부였음을 확인시켜 준다.

　다음으로 주호로 등재된 과부에게는 성년의 아들이 없거나 막 성년의 나이를 벗어난 아들이 있었을 뿐이라는 점이다. 이씨의 남편 유보의 사망신고가 기록되었던 1780년과 이씨가 정식 주호로 등재된 1783년에는 아들 유낙조가 누락되어 있거나 막 성년의 나이가 되었던 시점이다. 호내에 주호가 될 만한 성년의 남성이 없었기 때문에 과부 이씨가 주호로 등재되었던 것이다.

여성주호의 기재에서 볼 수 있는 또 하나의 특징은 주호로 등재되었을 때는 과부라는 표기가 되어 있었던 반면, 주호의 자리를 아들에게 승계한 이후에는 주호의 '모母'로 기재되었을 뿐 과부라는 표기가 되어 있지 않았다는 점이다.

위와 같은 특징은 일률적이지는 않았지만 조선 후기 호적대장의 여성주호 기록에서 나타나는 일반적인 경향이었다. 과부 이씨는 어떻게 여성으로서 호의 대표자가 될 수 있었을까. 그리고 왜 아들에게 주호의 자리를 승계했으며, 주호의 자리를 승계한 이후로는 과부라는 표기를 하지 않았을까. 과부 이씨의 기록에서 확인되는 여성주호의 전형적인 형태에 대한 해석은 조선 후기 여성주호에 대한 여러 의문들에 답해 줄 것이다. 이러한 의문들에 대해 순차적으로 알아보기로 하자.

호적대장에 과부로 기록된 여성들

과부, 과녀의 신분적 차이

호적대장의 과부 기록을 살펴보면, 남편이 사망한 여성을 과부寡婦와 과녀寡女로 구분하여 기재했음을 쉽게 발견할 수 있다. 이러한 사실은 과부와 과녀가 국가에서 구분하여 파악할 필요가 있을 정도로 다른 존재였음을 추정케 한다. 과부와 과녀는 어떤 차이가 있었으며, 그것을 국가가 구분하여 파악했던 이유는 무엇일까. 이 문제에 대한 이해를 돕기 위해 먼저 조선시대 여성이 이름 대신 표기했던 여성호칭에 대해 살펴볼 필요가 있다.

호적대장에 기재된 여성은 직접 이름을 기재한 경우와 이름 대신 특정한 호칭으로 기재된 경우로 나누어진다. 이름 대신 쓰인 여성호칭은 대체로 씨氏, 성姓, 소사召史 등으로 구분된다. 이러한 여성호칭은 어떤 의미에서 쓰인 것일까. 이 문제에 대한 실마리를 앞장에서 살펴보았던 『경국대전』 호구식의 규정에서 찾아볼 수 있다.

(주호의) 처 모씨某氏·나이·본관·사조를 기록한다. … 한

집에 데리고 사는 자녀 모모某某 및 나이를 기록하고 …
노비奴婢·고공雇工 모모某某와 나이를 기록한다. 25

위의 자료는 『경국대전』 호구식에서 여성을 기재하는 방식
만을 뽑은 것이다. 여기에는 여성으로서 주호의 처와 솔거하는
딸(率居女), 솔거하는 여자 종(率居婢)에 대한 기재 방식이 규정되
어 있다. 이를 보면, 주호의 처는 모씨, 솔거하는 딸과 솔거하는
여자 종은 모모로 기재하도록 규정되었음을 볼 수 있다. 이러
한 법규정을 통해 혼인한 여성인 주호의 처는 이름 대신 생가生
家의 성에 씨와 같은 여성호칭을 붙인 형태로 기재했고, 미혼인
딸, 솔거하는 여자 종은 이름을 기재했음을 알 수 있다. 즉, 씨
를 비롯한 여성호칭은 혼인한 여성에게 칭해졌던 것이다.
『경국대전』에 규정된 여성 기재 방식은 여성의 이름에 대한
당시의 사회적 인식과도 그 궤를 같이했다.

어떤 이가 "사대부 집의 부녀자가 이름을 쓰는 것은 세
간의 소견에 해괴함이 있는데 어떠한가" 물었다. 여자
는 본시 이름을 숨길 이유가 없으니 『의례儀禮』에 '여자
가 혼약婚約이 이루어져 비녀를 꽂고 자字를 지어 부른
다'고 했다. 한漢나라와 진晉나라의 역사를 상고하건대

비록 왕비王妃라도 또한 그 이름을 기재했으나 수隋나라와 당唐나라 이후로는 보이지 않는다. 우리나라에 이르러서는 사대부 집의 부녀자가 이름을 굳게 숨겨서 나타내지 아니하고 심지어 신주판에서도 또한 이름을 쓰는 것이 마땅한지 아닌지를 의심하고 있으니 이것은 곧 습속習俗의 야속野俗함이다. … 어떤 이가 "지금에 사대부 집의 부인은 으레 씨를 쓰고 있으나 그 딸은 씨를 쓸 수도 없고 또 이름을 쓰기도 어려운 까닭에 호적에서 누락시켜 쓰지 아니하고, 논하는 사람들도 비록 누락되어도 무방하다고 하니 이는 혹 무방한가 어떤가" 물었다. 사대부 집의 딸은 정역丁役에 보탬이 없어서 호적에 긴요한 것이 아니라고 말함은 곧 세간의 무지한 사람의 말이니 논할 것도 못 된다.[26]

위의 자료는 반계磻溪 유형원柳馨遠이 여성의 이름을 직접 칭하는 것을 꺼렸던 당시의 사회적 관습을 지적한 대목이다. 이러한 관습으로 인해 사대부가에서는 기혼여성에게는 이름 대신 씨호칭을 하고 있으며, 미혼인 딸은 혼인을 하지 않았기 때문에 씨호칭을 할 수 없었지만 이름을 드러내지 않으려는 관습 때문에 호적대장에서 누락되는 경우가 많았던 현실을 지적하고 있다. 이와 같이 조선시대에는 여성의 이름을 공식적으로 드러내지 않으려는 관습이 형성되었고, 법전의 규정과 호적대장의 여성호칭 기재실태는 이러한 현실을 반영한 결과였다.

한편, 씨, 성, 소사 등의 여성호칭은 주호의 직역과 관련하여 결정되었던 것으로 보인다. 씨호칭은 주로 전현직 관직자, 유학幼學 등을 비롯한 상층 직역자들이 주호로 기재된 호의 여성들을 중심으로 기재되었다. 다음으로 성호칭은 주호가 업무業武, 업유業儒 등 중층 직역자로 기재된 호에서 가장 많이 기재되었다. 소사호칭은 대체로 주로 군역軍役 등 하층 직역자가 주호로 기재된 호에서 가장 많이 나타났다. 공사천 남성이 주호로 기재된 호의 여성들은 호칭을 쓰지 못하고 성姓 없이 이름만을 기재했던 것으로 파악된다. 이를 통해 볼 때, 씨를 비롯한 여성호칭은 사회계층적 차이가 내포되었던 것으로 여겨진다.[27]

이상과 같이 사회적 관습과 법적 규정이 적용된 결과, 호적대장에는 상층 여성은 씨호칭, 중층 여성은 성호칭, 하층의 상민층 여성은 소사호칭, 천인賤人 여성은 호칭을 붙이지 못하고 성 없이 직접 이름만을 기재했다. 여성 이름에 대한 이 같은 기재방식은 호적대장뿐만 아니라 조선시대에 작성된 각종 공식문서에 공통적으로 적용되었다.

이와 관련하여 과부와 과녀의 기록을 보면, 그들이 이름 대신 칭하는 호칭에서 큰 차이가 있었음을 발견할 수 있다. 과부, 과녀는 어떤 호칭으로 기재되었으며, 신분적인 차이는 어떠했을까. 다음의 【표 6】을 보자.

【표 6】은 1678년, 1732년, 1759년, 1789년, 19세기 전반,

연도	기재명칭 / 호칭	씨	성	소사	조시	이름	무기	합계
1678년	과부			1				7
	과녀			7		7		14
	과녀비					21	1	22
1732년	과부	32	4	5				41
	과녀	2	1	72	1	20		96
	과녀비					25		25
1759년	과부	50	2	8			8	61
	과녀	1	2	118	9	23		153
	과녀비				1	21		22
1789년	과부	46	2	2				50
	과녀	3	4	42	1	4		54
	과녀비				1	4		5
19세기 전반	과부	12	2	2				16
	과녀	5	12	17		1		35
	과녀비			1				1
19세기 중반	과부	6						6
	과녀	1	2	16				19
	과녀비			1				1

표 6 과부, 과녀의 호칭

19세기 중반에 작성된 단성현 호적대장에 과부와 과녀가 어떤 호칭으로 기재되어 있었는지를 집계한 것이다. 이를 보면, 과부는 주로 씨호칭으로, 과녀는 성, 소사 등의 호칭으로, 과녀비_{寡女婢}는 주로 성 없이 이름만을 명기했다. 특히 18세기 전반 이후부터 과부와 과녀를 본격적으로 구분하여 파악하기 시작했음을 알 수 있다. 19세기 전반에는 다소 변화된 양상이 나타났지만 여전히 과부는 씨호칭, 과녀는 성호칭 또는 소사호칭으로 기재되는 경향이었다.

이상과 같은 사실은 과부와 과녀 사이에 사회적인 위상의 차이가 존재했음을 보여 준다. 즉, 과부는 사회 통념상 양반층 여성, 과녀는 양반층 이외의 여성에게 붙여진 명칭이었다. 여성주호의 파악과 관련하여 호적대장에 기재된 과부, 과녀를 실제의 사회 신분을 바탕으로 구분하여 기재했던 배경은 호적대장 기재양식과 관련하여 이해할 수 있다. 호적대장 작성 과정에서 국가는 실제의 사회 신분을 바탕으로 직역을 파악하고자 했다. 즉, 국가가 직역을 개개인에게 부과할 때, 사회계층적 신분을 고려하여 직역명을 창출하는 경향이 나타났고 이 때문에 직역을 통해 사회 신분을 파악하는 연구들이 많이 이루어졌다. 그것은 여성의 경우에서 좀 더 확연하게 볼 수 있었다.[28] 이러한 호구 파악 방식은 여성의 파악 방식, 구체적으로 여성주호와 관련한 과부, 과녀의 파악 방식에도 그대로 적용되고 있었던 것이다.

호적대장의 과부는 대부분 주호였다

상식적으로 과부는 '남편이 사망한 미망인'을 가리킨다. 그렇다면 호적대장에 기재된 과부도 '남편이 사망한 미망인'을 파악한 것으로 볼 수 있을까. 그리고 실제의 모든 과부는 호적대장에 기재되었을까. 그런데 다음의 【표 6】을 보면 호적대장에 기재된 과부는 '남편이 사망한 미망인'이라는 일반적 의미로 쓰인 것이 아니었을 가능성을 시사해 준다.

호내 위상	1678년	1732년	1759년	1789년	19세기 전반	19세기 중반
주호	39	123	217	94	65	26
모			1			
부(婦)		7		6	1	
매(妹)	2	2				
수(嫂)		9	5	3	3	1
기타		8	1	1		2
합계	41	149	224	104	69	29

표 6 과부, 과녀의 호내 위상

【표 6】은 17세기 후반-19세기 중반에 작성된 단성현 호적대장 중에서 대략 30년 정도의 간격을 두고 과부, 과녀의 호내위상, 즉 이들이 주호와 어떤 관계였는지를 검토한 결과를 정리한 것이다. 여기에서 확인되는 사실은 호적에 과부, 과녀로 기재된 여성들은 거의 호의 대표자인 주호였다는 점이다. 이러한 사실은 호적에 과부로 기재된 여성들이 실제의 과부를 모두 파악한 것이 아님을 보여 준다. 상식적으로 '남편이 사망한 미망인'을 과부라 할 때 실제의 과부는 호적에 기재된 숫자보다 훨씬 많았을 것이다.

예컨대, 호적대장에는 아들이 주호로 등재되어 있고 호내에 남편이 기재되어 있지 않은 수많은 여성이 기재되었다. 이들은 대부분 남편이 사망한 과부였을 것이다. 그런데 이들은 주호의 솔모率母 또는 모母로 기재되었을 뿐 과부라는 명칭을 표기하지 않은 경우가 대부분이다. 위의【표 6】이 이러한 양상을 잘 보여 준다. 즉, 호적대장에는 주호인 경우에 과부로 기재되어 있으며, 주호가 아닌 경우에는 남편이 사망했다 하더라고 과부라는 명칭을 거의 기재하지 않았던 것이다. 이러한 사실은 호적대장의 과부는 주로 주호만을 대상으로 한 것이었으며, 호적대장의 과부는 실제의 모든 과부를 파악한 것이 아니라는 점을 확연하게 보여 준다.

앞에서 소개했던 18세기 후반 경상도 단성현 도산면 등광촌에 살았던 과부 이씨의 사례를 환기해 보면 이러한 사실은 더욱 명확해진다. 과부 이씨는 주호로 등재되었을 때는 '과부'라는 표기가 되어 있었던 반면, 주호의 자리를 아들에게 승계한 이후에는 주호의 '모﹃'로 기재되었을 뿐 과부라는 표기가 되어 있지 않았다는 점을 확인할 수 있었다. 이러한 특징적인 사실은 주호의 위치에 있었던 과부가 아들에게 주호의 자리를 승계한 대부분의 사례에서 나타난다.

이상의 사실들로 미루어 볼 때, 호적대장의 과부는 '남편이 사망한 미망인'를 가리키는 용어가 아니라 여성주호를 표기하는 하나의 명칭이었다. 호적대장에는 실제의 모든 과부를 파악하지 않았음은 물론이다. 즉, 여성주호의 대다수가 과부였으며, 호적대장상의 과부는 그 지역에 존재하는 실제의 모든 과부를 파악한 것이 아닌 주호가 된 과부를 중심으로 파악했던 것이다. 따라서 호적대장의 과부는 현실의 과부를 의미하는 것이 아니라 여성이 주호인 호를 파악하기 위한 일종의 직역명으로 볼 수 있다.

왜 과부에게 주호 승계를 했을까

여성주호에 대한 법적 규정

호적대장의 여성주호는 대부분 과부였으며, 과부라는 명칭은 실제의 모든 과부를 파악한 것이 아니라 거의 호적대장에 주호로 등재된 과부에게 표기된 용어였음을 보았다. 이러한 사실을 통해 여성이 주호로 등재될 수 있었던 배경이 남편이 사망했기 때문이라는 점을 유추할 수 있다. 실제 여성주호에 대한 법제적 규정을 보면, 과부에게 주호의 지위가 부여되었던 사실을 구체적으로 확인할 수 있다. 여기에서 앞장에 거론했던 법령 하나를 환기할 필요가 있다. 1774년에 내려진 『갑오식호적사목』에는 '과부는 집안일을 주관하더라도 장성한 아들이 있으면 그 아들을 주호로 삼는다'라는 조목이 편성되었던 것을 살펴본 바 있다. 즉, 1774년 호적을 작성하면서 내려진 시행세칙에는 주호였던 남편이 사망하더라도 호내 구성원 중에 주호로 삼을 만한 성년의 남성이 있는 경우에는 여성을 주호로 세우지 말도록 규정되어 있었던 것이다.

이러한 법령이 내려진 이유는 조선 정부가 호를 단위로 부세 수취를 했던 것과 관련되어 있었다. 조선 정부는 부부가족을 단위로 호를 편성했으며, 호의 대표자는 성년의 남성을 세우는 것을 원칙으로 했다. 이는 부세 부담을 할 수 있는 건실한 호를 세우고, 동시에 부세 책임자인 주호의 자리에 직접 직역을 부담하는 성년 남성을 세움으로써 국가재정의 안정을 도모했기 때문이다. 이 조건을 충족하지 못하는 호, 이를테면 과부가 주호로 등재된 과부호를 세운 이유는 우선 호의 단절을 피하고 건실한 호의 조건을 충족하는 동안 임시적으로 호를 유지하기 위한 것이었다.

앞에서 소개했던 과부 이씨의 사례를 환기하면 이러한 법 조항이 실제 관철되었음을 알 수 있다. 1783년 단성현 도산면 등광촌의 여성주호였던 과부 이씨는 1780년 호적대장에 남편의 사망신고가 되어 있었는데, 과부 이씨가 정식 주호로 등재된 것은 1783년이었다. 주호였던 과부 이씨는 1786년에 주호의 자리를 아들에게 승계했음을 이미 확인한 바 있다.

과부 이씨의 사례를 『갑오식호적사목』의 조항과 관련하여 보면, 과부 이씨가 주호의 자리에 있던 1780년, 1783년에는 주호로 삼을만한 성년의 아들이 누락되었거나 막 성년의 나이에 도달했었던 시점이다. 그런데 1786년에는 아들의 나이가 20세가 되었고, 혼인을 하여 부부가족을 이루었기 때문에 주호의 자리를 아들에게 승계했던 것이다. 주호의 승계를 둘러싼 과부 이씨의 사례가 단지 개인적인 사례에 그친 것이 아니라 국가에서 내린 법령이 적용된 결과였음을 알 수 있다. 그렇다면 과부 이 씨의 사례에서 보이는 여성주호의 특성은 일반적인 것이었을 까. 검토의 대상을 확대하여 단성현 전체의 경향을 살펴보기로 하자.

여성주호의 가족 구성

'과부는 … 장성한 아들이 있으면 그 아들을 주호로 삼는다' 라는 법 조항이 실제 어느 정도 관철되었는지를 살펴보기 위해 여성주호가 가장 많이 기재된 시기였던 17세기 후반-18세기 후반 단성현 호적대장의 여성주호의 가족 구성을 검토해 보

연도	성년 아들	미성년 아들	기타 가족	단독호	솔구(率口)	여성주호 합계(%)
1678년	16(19%)	12(14%)	21(24%)	35(41%)	2(2%)	86(100%)
1732년	30(19%)	19(12%)	69(44%)	27(17%)	13(8%)	158(100%)
1759년	41(16%)	23(9%)	119(45%)	69(26%)	10(4%)	262(100%)
1789년	39(34%)	11(9%)	47(41%)	13(11%)	6(5%)	116(100%)

표7 여성주호의 가족 구성

았다.

【표 7】은 1678년, 1732년, 1759년, 1789년에 작성된 단성현 호적대장에 여성이 주호로 등재된 호의 가족 구성을 검토한 결과이다. 여성이 주호로 등재된 호의 가족 구성을 크게 호내에 주호가 될 만한 16세 이상 성년의 아들이 있는 경우와 없는 경우로 나누어 분류했다. 또한 16세 이상 성년의 아들이 없는 가족 구성은 다시 몇 가지로 분류했다. 즉, 딸, 손자, 손녀 등의 기타 가족으로 구성되었거나, 이러한 기타 가족도 없이 노비 등 솔구만 기재되었던 경우와 여성 1인으로만 구성된 단독호로 분류했다. 이상의 분류에 의거하여 여성이 주호로 등재된 가족 구성의 형태와 그 시기적 추이를 집계한 결과 다음과 같은 특징을 확인할 수 있다.

첫째, 여성이 주호로 등재된 대부분의 호는 주호가 될 만한 성년의 아들이 없는 경우가 대부분이라는 점이다. 여성주호의 가족 구성은 미성년의 아들이나 딸, 며느리, 손자, 손녀 등의 기타 가족 또는 노비 등의 솔구로 구성되었거나 여성 1인으로만 구성된 단독호가 많았다. 이러한 형태는 여성이 주호로 등재된 호의 일반적인 형태였으며, 동시에 여성이 주호가 될 수 있는 조건을 보여 준다. 주호로 세울 만한 성년의 남성이 없는 경우에 여성이 주호가 될 수 있었던 것이다. 또한 성년의 아들을 둔 과부를 주호로 삼는 것을 금지한 『갑오식호적사목』의 법규정이 대체로 지켜지고 있었던 사실 역시 알 수 있다.

둘째, 호내에 성년의 아들이 있음에도 불구하고 여성이 주호로 등재된 비율은 18세기 중반까지 대략 20% 미만을 유지하고 있었다. 그런데 18세기 후반에 접어들어 그 비율이 상당히 높아져서 1789년에는 30% 이상으로 치솟고 있었다. 그렇다면 성년의 아들이 있음에도 불구하고 여성이 주호로 등재된 20% 내외의 현상을 어떻게 이해할 수 있을까. 법령을 위반한 불법적인 것으로만 볼 것인가. 우선, 【표 7】에서 분석대상으로 삼은 식년 중 1732년의 경우를 보자.

1732년에 성년의 아들이 있음에도 불구하고 여성이 주호로 등재된 사례는 30건이다. 그런데 호내에 기재된 성년 아들의 연령을 살펴보면, 16-18세로 막 성년의 나이를 넘어선 경우가 11건이었으며 나머지 19건 중에서 20대 초반은 9명이었다. 또한 '병인病人'으로 기재된 경우는 4건에 달한다.[29]

앞의 과부 이씨의 사례에서도 보았듯이, 성년의 아들이 있는 경우에도 아들의 나이가 막 성년의 나이를 넘어선 10대 후반이며 아직 혼인을 하지 않았을 경우에는 어머니가 일시적으로 주호에 머무르는 양상이 나타난다. 또한 성년의 아들이 있더라도 주호의 의무를 충실히 할 수 없는 '병인'과 같은 특별한

사유가 있었을 때에는 여성이 주호의 역할을 담당했던 것으로
보인다.

과부는 임시적인 주호였다

과부가 주호의 자리에 머무는 기간

법제적 측면에서 여성이 주호가 되는 조건은 제한적이었으며, 단성현 도산면 등광촌에 살았던 과부 이씨의 실제 사례를 통해서도 여성이 주호로 머무르는 기간이 한시적이었음을 보았다. 이러한 사실은 여성주호가 임시적인 존재였을 가능성을 시사해 준다. 여성주호의 임시적 성격을 좀 더 구체적으로 확인해 보기 위해 단성현 호적대장에 기재된 여성이 주호인 호, 즉 여호가 존속한 기간을 살펴보기로 하겠다. 다음에서는 현존하는 단성현 호적대장 중에서 2개 식년 이상 연달아 남아 있는 자료를 선택하여 여호가 다음 식년 또는 그다음 식년에 어떻게 기재되었는지를 검토해 보았다. 여호의 존속 여부를 알기 위해 남성주호로 교체되는 사례를 조사하는 동시에 여호 자체가 사라진 사례 즉, 절호絶戶가 된 사례도 같이 조사했다. 왜냐하면 여

기준연도	여호 수	다음식년 존속 여부					
		존속	비율	남성주호로 교체	비율	절호	비율
1717년	98	54	55%	13	13%	31	32%
1729년	100	65	65%	35	35%	21	21%
1732년	158	36	23%	10	6%	112	71%
1759년	262	99	38%	24	9%	139	53%
1780년	167	75	45%	12	7%	80	48%
1783년	143	70	49%	20	14%	53	37%

표 8 여호의 존속률

호는 대부분 과부호였기 때문에 부세 부담을 충실히 할 수 있는 호가 아니었다. 이러한 호는 다음 식년에 호 자체가 사라지는 사례가 많았기 때문이다.

단성현 호적대장 중에서 2개 식년 이상의 자료가 남아 있는 것은 1717-1720년, 1729-1732년, 1732-1735년, 1759-1762년, 1780-1783년, 1783-1786년, 1786-1789년이다. 보존상태가 좋지 않아 결락이 많은 1789년을 제외하고, 나머지 자료를 대상으로 2개 식년에 걸친 여호의 존속 여부를 비교해 본 결과가 【표 8】이다.

【표 8】을 살펴보면, 한 가지 흥미로운 사실을 발견할 수 있다. 여호는 다음 식년의 호적대장에서 절호, 즉 호 자체가 사라지는 사례가 많이 나타난다는 사실이 그것이다. 여호의 존속률

이 가장 낮았던 1732년을 예로 들어 보자. 1732년 단성현 호적대장에 기재된 여호는 158호였다. 이 호들을 다음 식년인 1735년의 호적대장에서 추적한 결과, 여성주호가 바뀌지 않고 존속한 호는 158호 중에서 36호에 불과하며, 존속률은 23%에 불과했다. 이에 비해 1735년에 남성주호로 교체된 호는 10호이며, 비율은 6%였다. 그런데 절호된 사례는 112호이며 비율은 71%였다. 1732년 158호였던 여호 중에서 불과 3년 사이에 2/3 이상이 사라진 것이다.

1732년은 여호의 존속률이 가장 낮았던 시기였다는 점을 고려하더라도 여호는 오래 존속하지 못하여 건실하지 못한 호로 판단할 수 있다. 특히 18세기 단성현 호적대장에 기재된 전체 호의 존속률이 대략 80% 선을 유지[30]하고 있었다는 사실에 비추어 보면 위 표에서 나타난 여호의 존속률은 매우 낮은 수준이다. 이러한 사실은 여성주호의 성격과 관련하여 시사하는 바가 매우 큰 것으로 생각된다. 여성주호는 호내 구성원 중에서 주호로 대체할 성년의 남성이 있으면 교체되는 것이 법적 규정이었다는 점에서 임시적 성격을 띨 수밖에 없었다. 그런데 여기에 더해 호 자체가 단기간에 호적대장에서 사라지는 사례가 더 많았다는 점은 여성주호는 임시적 존재였다는 점을 더욱 확연하게 보여 주는 것이다.

전前 근대 시기 조선의 주변국인 중국, 일본 등 동아시아 국가의 사례를 살펴보면 조선과 유사한 점들을 발견할 수 있다. 중국, 일본에서도 여성이 주호가 되는 경우는 매우 제한적이었다. 중국에서는 호의 구성원이 여성 1인만으로 이루어진 단독 호이거나 주호로 삼을 만한 성년의 아들이 없는 경우에만 여성이 주호가 될 수 있었다.[31] 일본에서도 성년의 아들이 없거나 조선의 주호에 해당하는 당주當主인 남성이 향촌 내에서 문제를 일으켜 '장외帳外'의 처벌을 받은 경우에만 여성이 한시적으로 당주가 될 수 있었다.[32]

미성년의 남성이 주호가 된 사례

여성주호가 임시적 존재였음에도 불구하고 여성을 주호로 삼았던 이유는 미성년 남성을 호의 대표자로 세우지 않으려는

구분	1678년	1732년	1759년	1789년	19세기 전반	19세기 중반
미성년 남성주호	2	6	3	6	3	14
여성주호	86	158	262	118	67	26
전체 호수	2118	2911	2718	2621	3082	2632

표 9 / 미성년 남성주호와 여성주호 등재현황

국가의 의도에서 비롯된 것으로 여겨진다. 이러한 사정은 호적 대장에 미성년 남성주호가 등재된 사례를 살펴보면 더욱 분명해진다. 【표 9】는 17세기 후반-19세기 중반 미성년 남성이 주호로 등재된 호를 조사하여 여성주호가 등재된 호와 비교한 결과이다.

【표 9】에서 볼 수 있듯이, 17세기 후반-19세기 중반에 걸쳐 미성년 남성주호는 거의 존재하지 않았다. 이 시기에 미성년 남성주호가 비교적 많이 기재되었던 1732년을 보더라도 총 2911호 중에서 미성년 남성이 주호로 등재된 호는 단 6호에 불과하다. 미성년 남성이 주호로 등재되는 것은 매우 드문 일이었음을 알 수 있다. 이에 비해 1732년 여성이 주호인 호는 158호였다.

미성년 남성주호나 여성주호는 모두 호내에 주호로 삼을 성년 남성이 없기 때문에 주호로 등재된 자들이었다. 여성주호가 미성년 남성주호의 수를 훨씬 상회했다는 사실을 통해 국가는 미성년의 남성을 주호로 설정하지 않으려는 의도가 분명했던 것을 알 수 있다. 국가에서는 미성년의 남성보다 여성을 주호로 세우는 것이 호의 단절을 피하는 데 더 유용한 방법으로 여겼던 것이다. 물론 여성의 주호의 자리에 머무는 기간은 호내 미성년의 남성이 주호의 역할을 할 때까지 임시적인 것이며, 호내의 미성년 남성이 성년이 된 경우에는 원칙적으로 남성주호로 대체되었다.

　그런데 19세기 중반 미성년 남성주호는 14명으로 이전 시기보다 증가했음을 볼 수 있다. 물론 같은 시기 여성주호의 수는 26명으로서 남성주호의 수를 상회하기는 했으나, 여성주호의 수는 17세기 후반-19세기 전반과 비교하면 대폭 감소하였다. 조선말기 무렵에는 여성주호의 수가 감소하고, 소수이지만 미성년 남성주호가 증가했다는 점은 여성을 주호를 세우지 않으려는 의도가 점차 강해졌기 때문으로 보인다.

　이상과 같이, 조선 후기 여성주호는 제한적인 경우에만 주호가 될 수 있었다. 법제적으로 여성은 주호인 남편이 사망하더라도 성년의 아들이 없는 경우에만 주호가 될 수 있었으며, 실제 단성현 호적대장에도 이러한 법적 규정이 대체로 관철되었던 사실을 확인할 수 있었다. 따라서 단성현 호적대장에 기재된 여성주호는 제한적인 조건, 즉 호내에 주호가 될 만한 남성이 없는 경우에만 주호가 될 수 있었던 것이다. 또한 여호의 존속률이 매우 낮았다는 사실은 여성주호의 제한적이고 임시적인 성격을 더욱 명확하게 보여 준다.

3

조선시대의 사회적 약자,
'환과고독'

환과고독, 유교적 이상정치의 출발점

조선왕조, 환과고독을 왕정의 출발점으로 삼다

　조선왕조는 개국開國 후 10일 만에 신왕으로 즉위한 태조의 즉위교서를 발표했다. 이 교서는 정도전이 기초한 것으로 조선왕조 개국 이후 첫 번째 교서이다. 태조 즉위교서는 정도전이 작성한 것이기는 하지만, 고려 후기 이후 지속적으로 사대부들이 요구해 온 개혁 방안들이 포함되었으며, 이는 조선왕조 개창자들의 의견이 종합적으로 반영된 결과였다. 즉위교서에는 유교적 예제의 정비를 천명하며, 17개 항목으로 구분된 조선 정부

의 정책적 방향을 제시했다.[33] 특히 '환과고독鰥寡孤獨'과 관련된
다음의 항목이 주목된다.

一. 환과고독은 왕정王政이 우선해야 할 존재이니, 마땅
히 불쌍히 여겨 구휼救恤해야 될 것이다. 소재 관사官司
에서는 그 굶주리고 곤궁한 사람을 진휼賑恤하고 그 부
역賦役을 면제해 줄 것이다.

환과고독은 홀아비, 과부, 고아, 독거인을 합하여 칭한 용어
이다. 태조의 즉위교서에는 조선왕조가 지향하는 정책 방향 중
에서 '환과고독은 왕정이 우선해야 할 존재'라고 천명했다. 왕
정, 즉 민에 대한 왕의 통치를 행함에 있어서 최우선 대상이 환
과고독이라는 인식을 태조의 즉위교서에서 분명히 하고 있는
것이다.

태조 즉위교서에서 표방한 환과고독에 대한 정책 방향은 조
선시대 내내 지속적으로 천명되었는데, 이는 환과고독이 조선
사회에서 존립 기반이 가장 취약한 존재라는 인식에서 비롯된
것이었다.

헌부가 아뢰기를, "홀아비와 과부와 고아와 늙어서 자

식이 없는 사람은 천하의 궁한 백성으로서 의지할 곳
이 없는 자들입니다. 주周나라 문왕과 무왕이 정사를
펼치며 인仁을 베풀 때 반드시 이들 네 부류를 먼저 구
제해 준 그 뜻이 어찌 우연한 것이겠습니까. … 이번 세
수歲首에도 또 이 네 부류를 널리 순방巡訪하여 특별히
은혜를 베풀며 보살펴 주는 일이야말로 인정仁政에 있
어 그만두어서는 안 될 듯한데, 더구나 지금은 제로諸
路에 기근이 들어 백성들이 장차 죽음을 면하지 못하게
되었으니, 이 네 부류의 백성들에 대해 더욱 먼저 관심
을 기울여 애달프게 여기는 마음으로 길러 주어야 할
것입니다…" 하니 상이 따랐다. 34

위의 자료는 효종 9년에 사헌부司憲府가 올린 상소의 일부분
을 발췌한 것이다. 여기에서 보이는 '홀아비와 과부와 고아와
늙어서 자식이 없는 사람은 천하의 궁한 백성으로서 의지할 곳
이 없는 자'라는 인식은 조선 정부가 환과고독에 대해 가진 일
반적 인식이었다.

환과고독은 의지할 곳 없는 네 부류의 궁핍한 백성이라는
의미에서 '사궁四窮',35 '사민四民',36 '무고지민無告之民'37으로 지칭
되는 경우가 많았다. 특히 '환과 고독은 궁민窮民 중에서도 더욱

심한 자'[38] 로 인식되었다. 이와 같이 환과고독은 최소한의 존립 기반조차 갖기 어려운 조선의 '사회적 약자'로 인식됨에 따라 국가적인 관심대상이 될 수밖에 없었다.

여기에 더하여 환과고독에 대한 국가적 고려는 유교적 이상정치의 실현이라는 점과 직결되어 있었다. 조선은 성리학적 이념에 입각하여 운영된 사회로서 왕도정치王道政治의 시행을 정치적 이상으로 여겼다. 왕도정치란 덕德에 의한 정치를 의미하기 때문에 덕치德治라고도 하며, 가장 대표적인 덕이 백성을 사랑하는 인이라는 점에서 인정이라고도 표현된다.

중국의 춘추전국시대 맹자에 의해 주창된 왕도정치론은 조선시대 사대부들의 정치적 이상이었다. 따라서 왕도정치를 실행했다고 전해지는 주나라의 문왕文王과 무왕武王의 정치형태는 조선 정부와 사대부들이 지향한 유교적 이상정치의 원형이었던 것이다. 그리고 주나라 문왕과 무왕이 인정을 실행한 출발점이 바로 환과고독을 돌보는 것이었다는 인식을 갖고 있었다. 위의 사헌부의 상소에서도 '주나라 문왕과 무왕이 정사를 펼치며 인을 베풀 때 반드시 이들 네 부류를 먼저 구제'했음을 밝히고 있었다. 이러한 인식은 환과고독에 대한 국가의 정책을 논의할 때 항상 빠지지 않고 거론되었다.

이와 같이 태조 즉위교서에서 '왕정'이 가장 먼저 돌보아야

할 사회적 약자로 천명된 환과고독에 대한 인식은 조선시대 내
내 지속되었다. 이는 유교적 이상 정치, 즉 '인정'의 출발점이라
는 이념적 표방일 뿐만 아니라, 국가의 안정적 통치를 위해서는
민의 최소한의 존립 기반을 마련해 주어야 한다는 현실적 측면
이 반영된 결과였다.

> 대신들에게 전교했다. "… 옛말에 '백성은 오직 나라의
> 근본이니, 근본이 튼튼해야 나라가 편하다'라고 했다.
> 이 때문에 문왕이 정사를 시작하여 인을 베풀 적에 반
> 드시 먼저 환과고독을 돌본 것이다…." 39

위의 자료는 중종이 대신들에게 내린 전교로서 조선시대 환
과고독에 대한 국가의 정책과 관련된 기본적인 인식과 원칙을
보여 준다. 즉, 중종의 전교에서는 '백성은 오직 나라의 근본이
니, 근본이 튼튼해야 나라가 편하다'라는 인식과 '이 때문에 문
왕이 정사를 시작하여 인을 베풀 적에 반드시 먼저 환과고독을
돌본 것이다'라는 정책 방향을 확인할 수 있다. 국가의 안정적
통치를 위해서는 민의 최소한의 존립 기반의 마련이 전제되어
야 하는 것으로 인식했으며, 중종의 교서는 이러한 점을 분명히
밝히고 있었던 것이다.

따라서 환과고독에 대한 적극적 정책은 유교적 이상 정치의 실현뿐만 아니라 현실적인 이유에서 비롯된 것으로 볼 수 있다. 민생이 안정되지 않으면 안정적인 국가 운영이 어려우며, 이를 위해서는 조선의 사회적 약자인 환과고독에 대한 시혜가 필요하다는 현실적 이유 역시 작용했던 것이다.

환과고독에 대한 정치적 의례

조선 정부는 인정의 시행이라는 이념적 표방을 위해 환과고독에게 상징적인 의례를 자주 베풀었다. 조선 전기부터 이러한 의례를 베풀었던 사실을 확인할 수 있는데, 태종은 개성의 유후사留後司에 명하여 환과고독 169인을 연복사演福寺에 모아 쌀·콩 1석씩을 하사하였다.[40] 태종은 이것이 일회성의 행사에 그치지 않고 환과고독에 대해 실질적인 혜택이 돌아가도록 한성부와 지방의 감사에게 힘을 다하라는 다음과 같은 유지를 내리기도 했다.

유지宥旨를 반포했다. … 1. 환과고독은 인정을 먼저 베풀어야 할 존재이니, 여러 번 교지敎旨를 내려서 힘써 존휼存恤을 행했으나, 중외中外의 유사攸司에서 한갓 문구文具로만 보고 마음을 즐겨 쓰지 않으니, 내가 심히 걱정한다. 안으로는 한성부에서 밖으로는 감사監司가 마음을 다하여 거행해서 백성들이 실지로 은혜를 입도록 하라.[41]

태종이 시행한 것과 같은 환과고독에 대한 정치적 의례는 조선시대 여러 왕들에 의해 지속적으로 이루어졌다. 특히 환과고독에 대한 정치적 의례를 자주 베풀었던 왕은 영조였다. 1773년(영조 49) 영조는 새해를 맞은 다음 날인 1월 2일에 경희궁 건명문建明門에 나아갔다. 환과고독을 불러 쌀과 겨울옷을 나눠 주기 위한 행차였다. 영조는 이 행차를 위해 미리 한성 오부五部에 명을 내려 시혜를 베풀 환과고독을 뽑아 아뢰게 했다. 영조는 한성 오부에서 뽑아 건명문에 모인 환과고독에게 쌀 5두씩을 나누어 주고, 특별히 과부와 고아에게는 솜을 넣은 겨울옷襦衣 한 벌씩을 더 내려 주었다. 그리고 이를 주나라 무왕이 환과고독에게 내린 시혜와 비견함으로써 자신이 인정을 베풀고 있음을 보여 주는 의식을 시행했던 것이다.[42]

영조는 이전에도 새해를 맞이하여 환과고독에 대한 의례를 자주 베풀었는데, 1762년(영조 38) 새해에는 경희궁 흥화문興化門에 나아가 환과고독에게 쌀과 베를 하사했으며,[43] 1770년(영조

46)과 이듬해인 1771년(영조 47)에는 새해 초에 홍화문에서 환과고독에게 쌀을 하사하는 의례를 시행했다.[44] 영조 재위 기간 후반에는 거의 연례적으로 환과고독을 위한 새해맞이 의례를 시행했던 셈이다. 이와 같이 왕이 새해를 맞이하여 환과고독에게 쌀과 옷감 등을 하사하는 행위는 인에 입각한 정치를 표방하고, 이를 조선 사회에서 가장 궁핍한 존재였던 환과고독에게 시혜를 베푸는 것으로부터 출발하겠다는 정치적인 의례로 해석할 수 있다. 영조는 새해 초뿐만 아니라 다른 시기에도 종종 궁궐 문에 나아가 환과고독에게 쌀을 하사하는 의례를 자주 베풀었다.[45]

영조뿐만 아니라 조선의 여러 왕들이 환과고독에 대한 비슷한 의례를 시행했던 사실은 『조선왕조실록朝鮮王朝實錄』을 비롯한 당시의 여러 자료들에서 확인할 수 있다. 이와 같이 환과고독에 대한 정치적 의례는 국가 차원에서 매우 중요시되었는데, 궁극적으로 유교적 이상 정치의 실현을 표방한 상징적인 행위였기 때문이다. 더욱이 이러한 의례들은 중앙정부에 의해 시행되는 것에 그치지 않고 지방 차원에서도 이루어졌으며, 일회성에 그치지 않도록 제도화되었던 점은 매우 주목되는 사실이다.

성종 23년 9월에 양노연養老宴을 시행했다. 판중추부사

손순효가 아뢰기를, "금일에 연회를 베푸니 임금과 신하가 함께 기뻐하고 진실로 기상이 태평합니다. 그러나 외읍外邑의 환과고독은 어찌 이것을 누릴 수 있겠습니까?"라고 하니, 임금이 여러 도의 수령에게 유시하여 (외읍의 환과고독에게) 연례宴禮를 베풀도록 했다. [46]

위의 내용은 지방의 환과고독에 대한 연례의 시행에 대해 『춘관통고春官通考』에 기록된 것이다. 『춘관통고』는 예조禮曹에 소관되는 각종 예제와 연혁 등에 대해 조선 초부터 정조 초까지 서술한 예서禮書이다. 여기에서 성종 대 이후로 중앙뿐 아니라 지방 차원에서도 환과고독에 대한 위로연과 의례적 시혜를 베풀었던 사실을 확인할 수 있다.

중앙과 지방 차원에서 시행된 환과고독에 대한 정치적 의례는 왕정이 가장 먼저 돌보아야 할 사회적 약자로 천명된 환과고독에 대한 국가적 관심을 단적으로 보여 주는 것이었다. 이는 조선이 지향한 유교적 이상 정치, 즉 인정의 출발점이라는 이념적 표방일 뿐만 아니라, 국가의 안정적 통치를 위해서는 민의 최소한의 존립 기반을 마련해 주어야 한다는 현실적 측면이 반영된 상징적인 의례였던 것이다.

환과고독에게 베풀어진 국가적 시혜

환과고독과 진휼행정

환과고독에 대한 국가의 정책은 상징적인 의례에만 그치지 않았다. 환과고독의 실제적인 존립 기반을 마련해 주기 위한 정책이 시행되었고, 이는 진휼의 시행과 부세 등의 국가적 부담을 견감하는 정책으로 구체화되었다. 먼저 환과고독에게 베풀어진 진휼에 대해서 살펴보자.

조선시대에는 대규모의 흉년이나 전염병이 빈번하게 발생하여 민의 삶을 위협하고 있었다. 잦은 흉년과 빈번한 자연재해 등으로 인해 발생한 기근과 전염병의 위협이 일상적이었을 정도였다. 흉년이나 전염병으로 인해 민의 존립 기반이 무너질 위기에 처하면 국가에서는 일단 진휼정책을 시행함으로써 대처하고자 했다. 특히 많은 아사자餓死者들이 발생하는 긴급한 상황이 발생하면 당장 굶어 죽을 위기에 처한 사람들을 살리기 위해서 죽을 끓여 배급하는 죽소粥所를 설치했다.

전라감사 오시수吳始壽가 치계하기를, "도내 각 고을에서 정월 스무날 이후 혹은 2월 초부터 모두 죽소粥所를

설치하고 구휼하고 있습니다만 얼굴이 누렇게 뜬 무리
는 죽을 먹여도 살릴 수가 없어 진소賑所에서 잇따라 죽
고 있습니다. 2월 초에 날마다 크게 바람이 불고 눈이
내리자 굶주린 백성이 모여서 추위와 굶주림에 울부짖
고 있는데 그 소리가 몇 리 밖에까지 들리고 있으니, 비
참한 꼴을 말하자니 목이 멥니다. 죽을 먹는 수는 큰 고
을이면 1만여 명이고 작은 고을도 수천 명에 밑돌지 않
으니, 한 도에서 받아들인 것을 다 쓰더라도 결코 보리
가 나기 전까지 이어서 진구할 수 없습니다…" 했다.[47]

위의 자료는 1671년(현종 12) 전라감사 오시수吳始壽가 중앙정
부에 긴급하게 올린 보고이다. 이 보고는 흉년으로 인해 죽소를
설치하여 긴급하게 구휼을 하고 있음에도 불구하고 굶어 죽는
사람들이 잇달아 생겨나는 참혹한 상황을 전해 준다. 긴급하게
마련된 죽소에 삶을 의지한 백성이 '큰 고을은 1만 명이고 작은
고을도 수천 명 이상'이었다는 보고는 흉년과 기근에 직면하여
얼마나 많은 사람들이 아사의 위험에 처했는지를 생생하게 전
해 준다.

이 같은 참혹한 상황은 1671년의 전라도에만 국한된 특별한
것이 아니라 조선시대 내내 전국적으로 매우 빈번하게 발생했

다. 본래부터 존립 기반이 약한 환과고독의 경우에는 더욱 견디기 어려운 상황이었을 것이다.

> 왕지王旨하기를, "환과고독과 빈핍貧乏한 백성들은 풍년에도 오히려 취대取貸해 주어야 하는데, 하물며 지금 같은 흉년에 반드시 굶어 죽는 자가 있을 것이니, 서울 안 5부 방리坊里를 낱낱이 조사하여 인명 수를 적어 올리라"고 했다.[48]

위의 내용은 흉년을 당하여 굶어 죽는 사람이 발생하지 않도록 조치하라는 세종의 교지이다. 여기에서 '환과고독 등은 풍년에도 돌보아야 되는 자들인데 흉년에는 반드시 굶어 죽는 자가 있을 것'이라는 세종의 인식은 흉년을 당했을 때 환과고독이 처한 상황을 잘 보여 준다. 이 때문에 세종은 서울 안 5부의 환과고독을 낱낱이 조사하여 보고하여 대처하라는 명을 내리기도 했던 것이다. 이에 따라 흉년이 들었을 때 환과고독은 진휼의 일차적 시혜대상으로 분류되었다.[49]

흉년이 들면 아사자의 발생을 막기 위한 죽소 설치 같은 임시적인 조치와 더불어 일련의 진휼 행정이 실시되었다. 먼저 진휼을 위한 곡식, 즉 진휼곡을 분급했다. 진휼곡의 분급은 분급받은 곡식을 갚아야 할 책임과 관련하여 여러 종류로 분류되었다. 분급받은 곡식을 갚지 않아도 되는 진휼곡도 있었으며, 묵은 쌀이나 안홍미安興米 같이 품질이 좋지 않은 쌀을 싼값으로 분급하기도 했다. 이때 묵은 쌀이나 안홍미를 살 수 있는 대상으로 환과고독을 비롯한 극빈자에게 우선권을 주었다.[50]

한편, 진휼의 지급 품목에는 쌀과 콩 등의 곡식 이외에도 생활필수품인 소금도 포함되었다. 소금은 음식의 맛을 위해 필요한 것만이 아니라 부종浮腫을 막기 위해 반드시 필요한 것이었다. 흉년이 들면 '굶주린 백성들이 비록 풀을 먹더라도 반드시 염장鹽醬을 먹어야만 부종에 걸리지 않기'[51] 때문에 소금은 중요한 진휼 품목이었다.

조선 전기 이래로 의염義鹽은 환과고독에게 싸게 분급하도록 제도가 정비되었다. 의염이란 국가에서 전매하는 소금을 가리키는 용어이다. 고려 충선왕 때 의염을 관리하는 기관으로 의염창義鹽倉이 설치되었는데 조선 건국이 건국되고 난 후에도 혁파되지 않고 염세鹽稅를 관리하는 관서로 유지되었다. 조선 전기 의염창은 고려시대 소금을 화매和賣하던 기능을 유지하는 한편 싼 값에 소금을 판매함으로써 진휼기관인 의창義倉의 진휼 업무를 보조했다. 애초 의염창이 설립된 고려시대에는 봄가을에 환과고독이 먼저 베 1필을 바치면 소금 20두를 주도록 하여 진휼 기능을 수행했다. 그런데 조선 전기에는 값을 올려 일반민들에게는 쌀 1두에 소금 5두로 화매하는 한편, 환과고독에게만 소금을 싼값에 분급하도록 했다.[52]

또한 흉년이 들었을 때 소금이 나지 않은 영서嶺西 지방에 영동嶺東의 관염官鹽을 가져와 환과고독을 비롯한 빈한한 이들에게 배급하기도 했는데,[53] 이는 기근으로 인한 사망을 막기 위해 소금의 분급이 매우 중요한 조치였음을 보여 준다.

많은 아사자들이 발생하는 긴급한 상황에서 당장 굶어 죽을 위기에 처한 사람들을 살리는 진휼행정은 신속하게 실시되어야 했다. 신속한 진휼을 시행하려면 진휼이 가장 필요한 대상에 대한 파악이 우선이었을 것이다. 아사자가 속출하는 긴급 상황에서 진휼대상의 선정은 기본적으로 호적에 등재된 호를 기준으로 했는데, 호적상에 환과고독으로 등재된 이들이 진휼의 우선적인 시행대상으로 선정되었다. 과부호를 비롯한 환과고독호鰥寡孤獨戶는 진휼행정을 시행하는 과정에서 일차적인 시혜대상이었던 것이다.

> 올해 호적의 호총이 면마다 줄어들어 조사해 보니 그 이유인즉, 임자년 여름 사이에 크게 진휼이 행해졌는데 토지가 있는 백성은 환곡을 받아먹고 토지가 없는

백성은 진휼하기를 백급白給할 것으로 하여 죽음을 구
제함에 날이 넉넉하지 않아 민간에서는 혹 호적에서
탈루하여 그 생도生道를 잃을까 두려워한다.[54]

위의 자료는 호적대장의 기재를 근거로 진휼을 시행하기 때
문에 민간에서 탈루脫漏로 인해 진휼의 혜택을 받지 못할 것을
두려워했던 상황을 보여 준다. 환과고독은 여러 가지 이유로 호
적에서 누락된 경우도 적지 않았다. 이 때문에 호적에서 누락된
이들은 탈루로 인해 진휼의 혜택을 받지 못할 것을 두려워했던
기록이 남아 있기도 하다. 이에 따라 국가에서는 진휼을 시행하
는 과정에서 환과고독으로 호적대장에 등재되지 않은 경우에
는 첩록하여 진휼의 혜택을 받도록 했다.[55]

환과고독과 부세정책

조선시대에는 사회적으로 곤궁하고 약한 자들에게 시행하
는 정책을 환과고독의 예에 준하여 시행하는 경우가 많았다. 다
음의 자료 역시 이러한 상황을 잘 보여 준다.

비변사에서 아뢰기를 "전교에 지극히 가난하고 의지할

데 없는 향민鄕民으로 올라온 자들에 대해 비변사의 유
사당상이 홍화문 밖에 불러 모아 쌀을 하사하도록 하
라는 명이 계셨습니다. 향민으로 의지할 데 없는 무리
들을 한성부에서 불러 모으니 모두 71명이었습니다.
기축년 사궁四窮[환과고독]에게 쌀을 하사한 예에 따라
각각 쌀 2두斗 씩을 분급했음을 감히 아룁니다"하니, 알
았다고 답했다.[56]

　위의 자료는 순조 11년 지방에서 올라와 한양 도성에 거주
하는 '향민' 중에서 가난하고 의지할 데 없는 사람들에 대한 대
책으로 쌀을 분급했는데, 이를 환과고독에게 시행한 예에 의거
하여 시행했음을 보여 준다. 존립 기반이 취약하여 국가적 구제
가 시급한 이들은 환과고독과 같은 부류로 인식되었고 이에 준
하여 국가적 구제 정책이 시행되었던 것이다.
　이러한 국가의 인식은 과부호를 비롯한 환과고독의 호가 국
가에 대한 각종 부담을 면제 또는 견감받을 수 있었던 전제조건
이 되었던 것으로 여겨진다. 이에 따라 부세정책이 시행되는 과
정에서 환과고독은 수세의 대상에서 제외되거나 견감받는 정
책이 시행되었다.

이번 달 23일 인견引見할 때에 왕이 말하기를, "홀아비, 과부, 고아, 독신자는 왕정이 먼저 돌봐 주어야 할 자들이다. 개성부에서 독녀호獨女戶에 수세하는 일은 지극히 불쌍하고 애통한 일이다. 지금 비국備局은 관문關文을 보내 독녀와 구걸하는 자들은 지금부터 수세收稅하지 말도록 하라" 했다. [57]

위의 자료를 보면, 효종은 '독녀호에 수세하는 일은 지극히 불쌍하고 애통한 일'로 지적했다. 이러한 인식하에 결국 독녀호의 경우 세금을 걷는 것을 금지하는 조치가 취해졌다. 또한 환과고독의 호 중에서 여성이 호의 대표자로 등재된 여호는 부세를 부담할 능력이 없는 호로 간주되어 호적을 작성하는 과정에서 아예 입호立戶하지 않도록 법적 규정[58]이 마련되기도 했다.

환과고독에 대한 부세 견감은 기본적으로 호를 단위로 부과되는 세목을 중심으로 이루어졌다. 그중에서 요역徭役은 대표적인 것이었다. 요역은 노동력을 징발하는 것으로서 『경국대전』 요부조徭賦條에는 '도성 안에 수리할 역사役事가 있으면 방리坊里의 백성을 시키되, 환과고독, 독질자篤疾者, 폐질자廢疾者에게는 미치지 않게 한다'라는 법 조항이 규정되었다. 그런데 실제 이를 어기고 환과고독 등에게 요역을 부과하는 일이 발생하자 세

조는 이를 어기는 관리들을 엄단하도록 조치함으로써 환과고
독에 대한 요역부과 금지를 천명하기도 했다.[59] 뒤이어 세조는
한성부의 요역을 환과고독, 독질자, 폐질자에게 절대 부과하지
말도록 재차 교지를 내림으로써 이들에게 과중한 부담을 지우
지 않고자 했다.[60]

특히 노동력을 징발하기 어려운 여호의 경우에는 요역 부과
를 더욱 엄격하게 금지했던 면모를 확인할 수 있다. 병자호란
중이었던 인조 대에는 남한산성으로 군량으로 운반하는 일이
매우 시급했던 상황이었음에도 여호는 그 대가를 지급하도록
조치했다.[61] 전쟁 중이라는 급박한 상황에서도 여호에게 요역
부과로 인한 부담을 지우지 않으려는 의지를 엿볼 수 있다.

요역뿐만 아니라 군역의 운영과 관련해서는 과부호를 비롯
한 여호는 면제대상이었던 것으로 파악된다. 도성都城의 숙위와
관련하여 군역자를 차정하면서 과부호를 제외했던 것은 그 일
단을 보여 준다.[62] 이와 같이 환과고독호 특히 여호에게 요역과
군역 부담을 견감하려는 조치는 환과고독이 노동력을 징발하
기 어려운 대상이었기 때문이었을 것이다.

한편, 진휼대상으로 우선시되었던 환과고독의 호는 환곡의
분급대상에서도 가장 우선적인 지급대상이었다.[63] 그런데 환곡
은 지급은 진휼과는 달리 분급받은 곡식을 갚아야 할 책임이 있

었다. 흉년이 들었을 때 여호는 백급의 대상 즉, 지급받은 환곡을 납부하지 않아도 되는 대상으로 초정抄定함으로써 그 부담을 덜어 주는 정책이 시행되었다.[64]

그런데 원래 진휼을 위해 실시되었던 환곡은 점차 진휼의 기능을 상실했고, 18세기 후반 이후 점차 부세화되었던 것으로 이해되고 있다.[65] 환곡이 민의 부담을 가중시키는 부세로 전환됨에 따라 환과고독을 중심으로 우선적으로 지급되었던 환곡의 운영형태가 변모했다. 즉, 환곡이 부세화되자 환과고독은 점차 환곡의 분급대상에서 제외되고 있었다.

환곡 분급은 토지와 호구를 기준으로 이루어졌다. 호를 단위로 환곡을 분급했던 것을 통환統還, 토지를 단위로 분급했던 것을 결환結還이라 했다. 통환을 시행하는 과정에서 호를 단위로 환곡이 지급되는 대상을 환호還戶라 했는데, 환곡의 분급대상이었던 환호는 경제적으로 회수가 가능한 호를 대상으로 했다. 과부호 등의 환과고독호는 회수가 불가능한 대상으로 인식되었고, 이에 따라 환과고독호는 부세화되었던 환곡의 분급대상에서 점차 제외되어 갔고 여타의 진휼 혜택만을 받았던 것으로 보인다.[66]

중앙 재정의 근간이 되었던 요역, 군역, 환곡 등 호를 단위로 부과되었던 세금 이외에도 지방세의 일종인 잡세雜稅 역시 환과고독에게 부과하지 않으려는 경향도 확인할 수 있다. 대표적인 것이 신세포神稅布였다. 신세포는 조선 전기에 무속을 근절하기 위한 목적으로 강원도와 함경도에서 거둔 세금이었다. 신세포는 일반 민호民戶에게 1년에 1포씩 거두었는데, 환과고독은 수취대상에서 제외했다. 신세포는 중종대에 폐지되었다.[67]

환과고독의 파악과 호적대장의 기록

환과고독의 조사 방식과 관리

환과고독에 대한 국가의 각종 정책을 시행하기 위해서는 우선 환과고독에 대한 파악이 필요했으며, 정책의 지속성을 갖기 위해서는 체계적인 관리 역시 필수적이었다. 환과고독에 대한 파악 및 관리는 재해행정과 밀접하게 관련하여 이루어졌다. 조선 정부의 재해행정은 시기에 따라 변화되었는데, 조선 전기에는 중앙에서 직접 관리를 파견하여 재해행정에 깊숙이 관여하고자 했다. 이러한 의도는 견사遣使제도의 활용을 통해 구체화되었다.

조선 정부는 건국 직후 지방행정체계의 보완을 위한 제도적

장치로 중앙에서 지방에 관리를 파견하는 건사제도를 적극적으로 활용했다. 건사제도는 시행 초기에는 주로 군사적 목적을 위한 것이었으나, 점차 중앙정부가 백성에게 시행해야 할 중요한 일반 행정상의 임무로 확대되었고 재해행정의 운영에서도 적극적으로 활용되었다. 이에 따라 당상관堂上官 이상의 고위관료인 진휼사賑恤使와 당하관堂下官인 진휼경차관賑恤敬差官이 빈번하게 파견되었다.[68]

지방에서 재해행정의 일차적 책임은 지방관인 감사와 수령에게 있었다. 그런데 흉년과 기근에서 농민을 구제하는 재해행정이 실효를 거두기 위해서는 중앙정부와 재해 지역 간의 유기적이며 신속한 행정체계가 효율적이고 짜임새 있게 조직되어 운영될 필요가 있었다. 이를 위해 조선 정부는 진휼사와 진휼경차관을 지방에 파견하여 재해행정에 깊숙이 개입했던 것이다. 진휼사는 경우에 따라 파견지역에서 지방관의 재해 행정에 대한 일체의 감독 기능을 행사했으며, 진휼경차관은 감사와 함께 수령 이하 실무자들의 재해행정을 감독하고 직접적인 기민구제 활동을 했다.

특히 진휼경차관은 비록 진휼사에 비해 관품은 낮았지만 조선 전기 재해행정의 운영 과정에서 중요한 역할을 했다. 진휼경차관은 흉년이 든 해에 환곡의 납부가 끝나는 12월 이후 파견되어 해당 지역 감사와 더불어 수령의 재해행정에 대한 감독과 함께 기민구제의 활동을 했던 것으로 보인다. 이때 이들의 활동은 주로 감사나 수령이 두루 살피지 못한 유벽향촌幽僻鄕村, 유심산곡幽深山谷, 궁촌벽항窮村僻巷 등으로 표현되는 깊은 산골, 궁벽한 산촌에 집중되었다. 이 과정에서 누락된 기민을 찾아내어 1차 구제를 시행하고 읍내邑內에 설치한 구휼하는 장소, 즉 진장賑場으로 보냈다.[69]

진휼경차관이 기민을 조사하는 데 있어 일차적 파악대상은 환과고독이었다. 각 도에 파견된 경차관들은 환과고독의 수와 그들의 궁핍한 정도를 보고하는 임무를 부여받았다.[70] 1414년(태종 14)의 경우를 예로 들면, 각도에 파견된 경차관들이 보고한 전국의 환과고독 수는 1156인이었다. 이들은 환과고독의 수를 보고하는 것에 그치지 않고 환과고독의 생존을 위해 필요한 지급 품목과 수량에 대해서도 건의하는 등 재해행정의 실질적 임무를 수행했다.[71]

견사제도를 이용한 재해행정은 16세기 초 기존의 견사를 대신하여 재해행정을 전담하는 진휼청賑恤廳이 중앙에 설치되면서 변화를 맞이했다. 진휼청은 1511년(중종 6) 임시관서로 설치되어 치폐를 거듭하다가 17세기 이후에는 점차 상설기구가 되어 갔으며, 조선 후기에는 재해행정을 전담하는 상설화된 중앙

기구로서의 기능과 역할을 한층 더 강화해 갔다.[72]

　재해행정을 관리하는 시스템의 변화는 환과고독의 파악 방식에도 영향을 미쳤다. 중앙에서 파견한 견사가 환과고독을 파악했던 조선 전기와는 달리 조선 후기에는 흉년이 들어 환과고독을 신속하게 파악해야 되는 상황에 직면하면 지방군현에 전령傳令을 보내 이를 보고받는 방식을 이용했던 것으로 보인다.

> ① 환과고독을 뽑아 보고하라고 전령함
> … 환과독 70세 이상과 고아로서 10세 이하인 자들의 소명小名을 벌여 적어 성책成冊하고 수정修正하여 관아에 올리되, 통호統戶를 이번 기회에 상세히 구별하고, 비록 환과독이더라도 만약 장성長成한 자손이 있어 공양供養하는 자와 비록 고아일지라도 만약 그 어미가 있어 양육養育하는 자는 굶주리고 곤궁해도 의지할 곳이 없는 상황에 이르지 않을 것이니 혼동해서 뽑아 보고하면 안 된다.[73]

> ② 환과고독을 조사하여 뽑아서 책자로 만들어 첩보함
> 사또에게 올리는 일입니다. 이번에 도부到付한 사또의 관문關文에 따라 환과고독을 다시 각별히 조사했는데,

전에 이미 한껏 정밀하게 뽑았으므로 실로 그 사이에서 취사取捨하기가 어려웠습니다. 충원忠原처럼 큰 고을에서 보고한 것이 단지 5명인데 예산禮山처럼 작은 고을에서 그 수효가 이와 같이 많으니 참으로 미안하여 지우고 또 지우고 줄이고 또 줄이어 29인만 취하여 책자로 만들어 첩보하거니와, 삭감削減을 당한 자들은 현재 존치한 사람들보다 조금도 나은 것이 없습니다.[74]

1762년(영조 38) 충청감영忠淸監營에서는 예산현감禮山縣監 한경韓罄에게 환과고독을 조사하여 보고하라는 전령을 보냈다. ①의 자료가 바로 이 전령이다. 이에 대해서 예산현감은 예산현의 환과고독을 조사하여 그 명단을 책자로 만들어 충청감영에 보고했다. 그 보고서가 ②의 자료이다. 충청감영과 예산현 사이에 오고 간 전령은 조선 후기에 지방의 환과고독을 파악하는 방식을 잘 보여 준다. 흉년 등의 재해 상황에 직면하면 직접 중앙에서 관리를 파견했던 조선 전기와는 달리 환과고독 등 기민 파악의 역할을 지방군현에 일임했던 것이다.

그런데 예산현감 한경은 환과고독의 수가 너무 많아 실제의 환과고독을 모두 보고한 것이 아니라 많은 수를 삭감했다고 보고했으며, 이 숫자조차 충청감영에서 많은 것으로 여길 것을 염

려하는 내용이 포함되어 주목된다. 실제의 환과고독을 모두 조사하여 보고한 것이 아니라 군현의 대소에 따라 일정하게 환과고독의 수를 제한했다는 것은 시혜대상이 되는 환과고독의 수를 일정 수준으로 제한했다는 의미이기 때문이다. 이는 국가재정 운영과 관련된 문제로서 자세한 논의는 잠시 뒤로 미루기로 하자.

이와 같이 흉년이나 대규모의 기근이 닥치는 위기 상황에서 조선 정부는 중앙 관리를 지방에 파견하거나 지방 차원의 조사를 통해 환과고독을 비롯한 구휼대상을 신속하게 파악하여 재해 상황에 대처하고자 했다. 그런데 이는 정례화된 것이 아니었고 재해 상황이 닥쳤을 때 취한 임시적인 조치였다. 그렇다면 환과고독에 대한 정례화된 파악과 관리는 어떻게 이루어졌을까. 이는 우리가 지금까지 검토했던 호적대장의 작성과 관련하여 이루어졌다. 조선 정부는 3년마다 호적대장을 작성하면서 환과고독에 대해 파악하여 이들에 대한 정책을 시행하고자 했다. 즉, 조선시대 환과고독에 대한 국가의 정례적인 파악과 관리는 호적대장의 파악 방식을 통해 확인할 수 있는 것이다.

과부와 홀아비는 대부분 주호였다

　호적대장에 나타난 환과고독의 파악 방식은 조선 정부가 환과고독에 대한 정례적 조사를 어떻게 시행했으며, 이를 토대로 시행된 환과고독 정책의 특징을 확인할 수 있는 매개체이다. 환과고독 중에서 호적대장에 실제 독립호를 구성하고 있었던 대상은 과부와 환부鰥夫(홀아비)였다. 호적대장의 호는 『경국대전』 호구식의 규정에서 보이는 바와 같이 부부와 솔거자녀 및 노비를 기본 단위로 구성되어 있다. 즉, 호를 구성하는 기본 조건은 혼인을 전제로 한 것이기 때문에 환과고독 중에서 독립호를 구성할 수 있는 조건을 갖춘 대상은 과부와 환부였다. 이러한 사실은 과부호 및 환부호가 동일한 범주에서 인식되고 편제되었을 가능성을 시사한다.

　호적대장의 과부는 남편이 사망한 미망인을 의미하는 것이 아니라 주호로 등재된 과부에 국한된 것임을 이미 확인한 바 있다. 따라서 호적대장에 기재된 과부라는 명칭은 실제의 모든 과부를 파악한 것이 아니라 과부호를 파악하기 위한 수단으로서 붙여진 것이었다. 그렇다면 환부의 경우는 어떠했을까. 단성현 호적대장에 기재된 환부의 존재 형태를 살펴보자.[75]

　【표 10】은 단성현 호적대장에 환부로 기재된 사람들의 호내

호내 위상	1678년	1732년	1759년	1789년	19세기 전반	19세기 중반
주호	2	19	25	25	98	250
부(父)						
형(兄)		1	1			
제(弟)		2			1	5
기타		1	1	1	1	3
합계	2	23	27	26	100	258

표 10 환부의 호내 위상

위상을 통계화한 것이다. 이 표에서 나타나는 가장 두드러진 특징은 환부로 기재된 경우 대부분 호의 대표자인 주호로 기재되어 있다는 점이다. 이는 앞에서 살펴본 과부의 호내 위상과 동일한 것이다. 즉, 과부와 마찬가지로 호적대장에 기재된 환부는 거의 주호로 등재되어 있다. 이러한 점을 통해 볼 때, 환부 역시 과부와 마찬가지로 실제의 환부를 모두 기재한 것이 아닐 가능성이 크다. 그 가능성을 다음의 【표 11】을 통해 구체적으로 확인할 수 있다.

환부라는 명칭은 과부와 마찬가지로 직역을 표기하는 난에 기록되었다. 단성현 호적대장에서 확인할 수 있는 환부는 두 가지 부류이다. 첫째 직역란에 환부라는 명칭이 표기되어 있는 부류이다. 이 경우에는 곧바로 환부임을 확인할 수 있다. 둘째, 직역란에 환부라는 명칭이 표시되어 있지는 않지만 대신 호적대

환부표기 여부	1678년	1732년	1759년	1789년	19세기 전반	19세기 중반
① 환부 기재	2	23	27	26	100	258
② 환부 무기	35	90	41	78	81	34

표11 환부로 기재되지 않은 실제 환부의 수치

장이 작성된 해당 식년에 처妻의 사망신고가 되어 있는 동시에
또 다른 처가 기재되지 않은 부류이다. 환부로 기재되어 있지는
않지만 실제 환부임을 알 수 있는 부류이다.

【표 11】에서는 전자의 경우 ① 환부기재로, 후자의 경우
② 환부 무기無記로 나누어 그 수치를 확인해 보았다. 그 결과
환부로 직접 기재된 ①의 경우보다는 환부로 기재되어 있지 않
는 ②의 경우가 훨씬 많다. 처의 사망신고가 되어 있고 또 다른
처가 기재되지 않은 것으로 보아 환부라는 명칭은 기재되지 않
았지만 ②의 경우도 실제로는 환부였을 것이다. ①과 ②는 환부
라는 명칭의 기재 여부를 떠나 모두 실제로는 환부였다.

이 밖에도 해당 식년에 처의 사망신고가 되지 않았지만 호
내에 처가 기재되지 않은 많은 남성들이 있었다. 이들은 호적에
처의 기록이 누락되었던 사례도 있겠지만, 실제 환부였던 경우
가 다수 있었을 것이다. 이러한 사실로 미루어 볼 때 실제 환부

의 수치는 ①과 ②를 더한 수치보다 훨씬 많았을 것이다. 그럼에도 호적대장에는 주로 주호로 등재된 ①의 경우에만 환부로 표기되어 있었다.

단성현 호적대장에 기재된 환부의 존재 형태에 대한 이상의 내용을 고려해 볼 때, 우리는 호적대장상에 기재된 환부가 실제의 모든 환부를 파악한 것이 아니었음을 알 수 있다. 과부와 마찬가지로 주호로 설정된 경우에 환부라는 표기를 했던 것이다.

호적대장의 과부와 환부가 대부분 주호였다는 사실은 환과고독에 대한 국가의 정책 특히 진휼행정과 부세정책의 시행과 관련된 것으로 보인다. 즉, 호적대장의 과부, 환부는 실제의 과부, 환부를 파악한 것이 아니라 환과고독에 대한 국가의 정책과 관련하여 그 정책적 시혜를 받을 수 있는 호를 표현하는 하나의 코드로서 기재되었던 것이다.

그런데 여기에서 남는 한 가지 남는 의문은 왜 실제의 모든 과부, 환부를 파악하여 진휼과 부세 견감의 혜택을 베풀지 않았는가의 문제이다. 이는 국가재정의 운영과 관련된 것으로서 시혜대상이 국가재정의 한도를 넘어서면 국가적 부담이 가중될 수밖에 없었기 때문이었다. 이에 대해서는 다음 절에서 구체적으로 검토하기로 한다.

과부와 홀아비를 늘리지 마라

국가에 부세를 낼 수 없는 허호

　호적대장에 기재된 호는 등질적인 것이 아니고 다양한 성격을 가지고 있었다. 중앙정부의 입장에서 볼 때 호는 부세 부과의 주요한 단위였기 때문에 일차적으로 호역戶役을 담당할 수 있는 호와 그렇지 못한 호로 구분되어 인식되었다. 따라서 호적상의 호는 역부담의 여부와 관련하여 실제 부세를 부과할 수 있는 실호實戶와 부세를 부과할 수 없는 허호虛戶로 구분되어 인식되었다.

　　한성부윤 서낙수가 장계를 올려 아뢰기를, "장적사목帳籍事目은 국가의 중요한 법식인데 근래 호적의 법이 엄중하지 못하여 백 가지 폐단이 생겨납니다. … 허호는 수령이 칠사七事의 조목 중에 호구증戶口增이 있기 때문에 거짓 호를 허록한 것이니, 모두 독남獨男, 독녀獨女, 노인, 병인病人 등 [丁을] 거느리는 자가 없어 연역煙役을 면제받은 자들을 교묘하게 명목을 만들어 왕왕 실호의 사이에 끼워 넣은 것입니다. 단지 증호增戶의 허명虛名

만을 얻고자 한 것이고 응역應役의 실효가 없는 자들입
니다. …" 했다.[76]

위의 자료는 순조 12년(1812) 한성부윤 서낙수가 장계狀啓를
올려 부세를 부담할 수 없는 호가 늘어나서 국역 부과에 어려움
이 있음을 보고한 것이다. 여기에서 국가에 부세 부담을 할 수
없는 대표적인 허호로서 독남, 독녀, 노인, 병인 등이 주호로 등
재된 호를 지목하고 있다. 이 중에서 독남, 독녀는 환부호 및 과
부호를 지칭하는 것이다. 환부호 및 과부호는 국가에서 우선적
으로 관심을 갖고 시혜를 베풀어야 되는 대상이기도 했지만, 역
부담의 측면에서는 대표적인 허호로서 인식되었던 것이다.
한편, 호내 구성원의 숫자 즉, 구수口數에 따라서도 호의 구
분이 이루어졌다.

지돈녕知敦寧 이종성李宗城이 상서했는데, 대략 이르기
를, "호전戶錢을 시행할 수 없는 논거論據가 네 가지가
있으니 … 옛날에 호별戶別로 역을 내게 할 때에는 다만
빈부만 따지고 가구수家口數는 따지지 않았습니다. …
지금은 대호大戶, 중호中戶로 자손은 많지만 지극히 가
난한 자가 돈 내는 것은 특히 많고, 소호小戶, 잔호殘戶로

사람은 적은데 매우 부유한 사람이 돈 내는 것은 가장 적으니, 천하에 고르지 못함이 이보다 심한 것은 없습니다. 이는 가히 구전□錢이지 호전이라고는 할 수가 없습니다…" 했다.[77]

위의 자료는 17세기 후반-18세기 전반에 활발하게 진행되었던 양역변통론良役變通論의 논의 과정에서 지돈녕 이종성이 호전론戶錢論이 불가함을 주장한 것이다. 여기에서 특기할 만한 점은 당시의 호가 대호·중호·소호·잔호 등으로 분류되어 있었다는 사실이다. 또한 이러한 호의 구분이 경제적인 우열을 기준으로 한 것이 아니라 호내에 존재하는 구수를 기준으로 하고 있었다는 점을 알 수 있다. 호의 구수 즉, 호내 구성원의 수에 따라 호의 구분이 이루어졌고, 이러한 호의 등급에 따라 지방 군현 단위에서 요역徭役 등을 차등 부과했다.[78] 이에 따라 호의 구수를 줄임으로써 호역의 부담을 경감받고자 했던 현상이 나타나기도 했다.

그런데 실제 완성된 호적대장에서는 이러한 호의 구분을 알 수 없다. 호적대장에는 호의 구분이 표기되어 있지 않기 때문이다. 그런데 호적대장을 완성하는 과정에서 만들어지는 호적중초에는 각각의 호를 대大·중中·소小·잔殘·독獨으로 구분하고 이

그림 5 『호적중초 2戶籍中草 2』濟州 大靜郡 日課里, 사진 김경란

를 표기하기도 했다. 따라서 호적중초에 기재된 대·중·소·잔·독의 구분이 어떤 기준으로 이루어졌는지를 살펴보면 당시 호에 대한 인식의 일단을 알 수 있을 것이다.

호적중초는 제주도에서 집중적으로 발견되고 있는데, 특히 대정현大靜縣 지역의 것이 많이 남아 있다. 이를 통해 호의 구수에 따라 호의 구분이 어떻게 이루어졌는지 살펴보자. 다음의 【표 12】는 1810년에 작성된 제주도 대정현大靜縣 금물로리今勿路里의 호적중초에 기재된 대·중·소·잔·독의 구분을 호내에 기재된 구수와 관련하여 살펴본 것이다.[79]

1810년 제주도 대정현 금물로리의 호적중초에는 각각의 호에 대·중·소·잔·독의 구분과 함께 남녀의 수가 표기되어 있었다. 이러한 기재양식은 호의 구분이 구수를 기준으로 이루어졌을 가능성을 시사해 준다. 각각 대·중·소·잔·독 등으로 구분된 호에 기재된 구수가 어느 정도였는지를 산정한 【표 12】를 보면 이러한 사실을 더욱 명확하게 알 수 있다.

대호의 경우는 10-11구가 기재되어 있었음을 볼 수 있다. 중호는 6-8구가 기재되었고, 소호는 3-6구가 기재되었다. 특히 소호의 경우 5구가 기재된 경우가 대다수를 차지하고 있었다. 잔호는 2-3구, 독호는 1구가 기재되었다.

금물로리의 전체 호수는 총 75호로서 호의 등급이나 구수가

구수	대호	중호	소호	잔호	독호	불명
1					3(2)	
2				7		
3			6(1)	2(1)		
4			9			
5			24			
6		5	5			1
7		3				
8		6				
9						
10	1					
11	1					
불명		2				
합계	2	16	34(1)	9(1)	3(2)	1
			72			

*( )안은 여호

표 12 제주 금물로리 호적중초에 나타난 호의 구분과 구수와의 관계

결락되어 있는 3호를 제외하고 호의 등급 및 기재된 구수를 파악할 수 있는 호는 총 72호이다. 이 중 절반에 가까운 34호가 소호였고, 중호는 16호로 일정 비율을 점하고 있다. 이에 비해 대호, 잔호, 독호는 상대적으로 적었음을 볼 수 있다. 이를 통해 볼 때, 대호는 10구 이상, 중호는 6-8구, 소호는 3-6구, 잔호는 2-3구, 독호는 1구가 기재되었고, 이들 호 중에서 소호가 가장 일반적인 호였던 것으로 보인다.

그렇다면 주로 과부호로 존재했던 여호는 대·중·소·잔·독으로 구분된 호 중에서 어떤 등급의 호로 분류되어 있었을까. 1810년 제주도 대정현 금물로리의 호적중초에 기재된 총 72호 중에서 여성이 주호인 여호는 불과 4호에 불과하다. 이 4호의 등급을 보면, 독호 2호, 소호 1호, 잔호 1호이다. 비교의 대상이 적다는 한계는 있지만 여호의 경우는 호당戶當 구수가 3구 이하인 소·잔·독호였던 것을 볼 수 있다. 이상과 같이 호의 구분은 경제적 우열에 의해서가 아니라 호의 구수를 기준으로 한 것이었고, 이 구수에는 여성의 숫자도 포함되었다. 대부분 소·잔·독호로 구분되었던 여호는 부세 부담을 충실히 할 수 없는 호였던 것으로 보인다.

국가 재정의 측면에서는 부세 부담을 제대로 할 수 없는 허호나 잔·독호가 많아지는 것은 매우 부담스러운 일이었을 것이다. 그럼에도 호적에는 허호나 잔·독호로 분류되는 호가 적지 않았다. 이는 중앙정부와 지방 군현의 입장이 각기 달랐던 것에서 비롯된 것이었다.

> 지사知事 송인명宋寅明이 장계를 올려 말하기를, "… 수령 호구증戶口增은 칠사七事에 들어있는데 매 식년 중앙에서 이를 독촉하니 수령이 덕정德政을 베풀지 못하니

다. 또 실호를 확보하지 못하고 왕왕往往 허호를 늘려 한갓 민폐를 만듭니다. 신임년辛壬年 이후 각 읍의 호구가 크게 줄어들어 사세가 당연한 바가 되었는데도 지금 식년 호적에 중앙에서는 신·임년 이전과 비교하여 독촉하니 하리下吏가 좇아서 각 읍을 조종操縱하여 혹 허호로 수를 채우는 것을 면하지 못합니다" 했다.[80]

조선시대 지방관인 수령守令에 대한 평가는 '수령칠사守令七事'라 하여 7가지 기준에 의거해 이루어졌다. 이 중의 하나가 '호구증戶口增'으로서 지방 수령들은 중앙에 보고하는 호구 수를 늘리는데 관심이 집중될 수밖에 없었다. 수령들은 실제 역을 부과할 수 없는 허호를 늘리는 방식으로 호구의 증대를 도모했다. 지방 수령들이 환부호나 과부호 같은 허호를 늘려 호구 수를 증대시킴에 따라 오히려 실제 호역을 담당할 실호가 줄어드는 현상이 빈번해졌고, 중앙정부에 자주 문제시되었던 상황을 위의 사료를 통해 볼 수 있다.

이와 같이 허호는 이중적인 측면을 갖고 있었다. 국가재정의 운영에는 부담이 되었지만 환과고독 등의 파악과 관련하여 일정 수준의 파악이 필요했고, 지방 차원에서는 호구 수를 충족하기 위해 이용되기도 했던 것이다.

일부의 과부만 호적에 올려라

국가에 부세를 낼 수 없는 허호가 많아지면 자연히 국가로
서는 재정적으로 부담이 되었을 것이다. 그러나 한편으로는 국
가의 시혜가 필요한 대상에 대한 파악 역시 국가의 통치를 위해
필수불가결한 것이었다. 조선 정부는 이 문제를 시혜대상을 일
정 수준으로 제한함으로써 해결하려 했던 것으로 보인다. 대표
적 허호인 환과고독의 호에 대한 정책을 통해 그 구체적인 해결
방법을 알아보자.

환과고독은 진휼행정을 받는 일차적 대상이기도 한 동시에
각종의 국가적 부담을 견감받았던 대상이었음을 앞에서 확인
한 바 있다. 환과고독으로 호적에 등재되는 것은 국가적 시혜를
받을 수 있는 요건 중의 하나였다.

지금 각 면面에서 보고한 성책成冊을 살펴보니, 환부,
과부로서 [호내戶內에] 정丁을 거느린 숫자가 지난 식년
에 비해 배倍나 많다. 이 때문에 성책을 호적에 빙고憑
準하니 아들이 있고 처가 있는 자가 성책 중에 환부, 과
부로서 정을 거느리지 않는 부류와 섞여 기록되어 있
다. 비록 과녀寡女라도 자식이 있는 자는 응역應役할 수

있고, 비록 환부라도 나이가 60세 미만이면 응역할 수 있다. 자식이 있는 자로서 정이 없는 부류에 섞여 기록되어 있고, 처妻가 있는 자가 환부와 섞여 기록되어 있는 것은 연역煙役을 면하기를 도모하는 것이다. 이것은 면임面任이 농간을 부린 것이다. 마땅함을 좇아 죄를 다스려 징계하고 습속을 고쳐 헤아려서 연역에서 벗어나려는 자를 한결같이 조사해서 실호로 기록하여야 한다.[81]

위의 자료는 1735년 남원현南原縣에서 상부에 보고한 첩문牒文이다. 이 자료를 통해 알 수 있는 사실은 환부호 및 과부호는 연역을 면제받는 대상이었다는 점이다. 그런데 이 보고서에서는 처妻가 있음에도 불구하고 환부로 기재한 사람들이 있었음을 밝히고 있었다. 또한 과부 중에서 호내에 역을 담당할 수 있는 정丁 즉, 성년의 남성이 있음에도 불구하고 과부호로 등재된 사람들이 있었던 사실 역시 확인할 수 있다. 이는 호적에 환부호나 과부호로 기재될 수 없는 사람들임에도 불구하고 연역 부담을 하지 않기 위해 환부, 과부라는 명칭을 기재했던 양상이 나타났음을 지적한 것이다.

이러한 불법적인 의도를 막기 위해 국가에서는 호적대장 작

성 과정에서 환과고독에 대한 사전 조사를 시행했다. 호적대장
이 만들어지는 과정에서 국가는 호구 파악의 효과와 호적의 완
성도를 높이기 위해 다양한 형식의 성책成冊을 따로 만들도록
규정했다. 1774년에 제정된 『갑오식호적사목甲午式戶籍事目』에는
모두 29종의 각종 성책들이 나와 있는데, 이 성책들은 모두 작
성되는 것은 아니어서 시기나 군현의 사정에 따라 가감이 이루
어졌다.[82] 이러한 성책 중의 하나가 『환과고독성책鰥寡孤獨成冊』

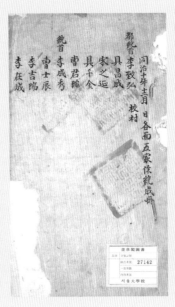

그림 6 『오가통성책五家統成冊』, 서울대학교 규장
각한국학연구원 소장

이었다.

　다음의 자료는『환과고독성책』의 작성과정에서 환과고독을 어떻게 파악했는지를 구체적으로 보여 준다.

　　보고할 일은 도달到付한 한성부의 관문關文에 의거한 것입니다. 관문으로 말미암아 본현本縣의 환과고독성책鰥寡孤獨修成冊을 올립니다. 금년 봄에 [환과고독을] 초출抄出할 때 줄였는데, 또 줄여서 단지 29명을 취했습니다. 그 사이에 물고物故하거나 이사移徙한 자가 몇 명이 있어서 다시 조사하여 그중에 독노篤老, 빈사貧死한 몇 명을 다시 첩입添入시켰더니 그 수가 다시 29명이 되었습니다. 사물은 고르지 않는 것이 사물의 실정이니 환과고독이 어찌 정해진 수가 있겠습니까? 대읍大邑이 혹 적을 수도 있고, 소읍小邑이 혹 많을 수도 있는 것이니 역시 이치에서 벗어난 일이 아닙니다. 우리 성상聖上께서 정치를 베푸는 시초에 이 네 부류를 우선으로 하시니, 즉 옛날의 성왕聖王들이 정치를 행할 때 인을 베푸는 뜻입니다. 어찌 대읍의 수數에 매여서 조금이라도 마땅히 들어가야 하는 부류를 누락시키겠습니까? 각별히 그 나이를 조사하여 그 실제 숫자를 따라서 첩보합니다.

도道로서 헤아려서 명령을 내려 주십시오.[83]

위의 자료는 1762년(영조 38) 충청도 예산현에서 충청감영에 보낸 첩문이다. 이 자료를 통해 알 수 있는 사실은 먼저, 호적대장이 만들어지는 과정에서 부세견감과 진휼의 대상이었던 환과고독을 파악하여 별도로 성책이 만들어졌다는 것이다. 호적대장이 완성되기 전에 사전 조사를 한 것이다. 여기에서 주목되는 대목은 '환과고독을 초출할 때 줄였는데, 또 줄여서' 파악했다거나, '환과고독이 어찌 정해진 수가 있겠습니까', '대읍의 수에 매어서 조금이라도 마땅히 들어가야 하는 부류를 누락시키겠습니까' 등의 보고 내용이다.

이 대목을 통해 알 수 있는 사실은 『환과고독성책』은 실제의 환과고독의 수를 기록한 것이 아니라 군현의 대소大小에 따라 일정하게 숫자가 정해져 있었다는 점이다. 이에 따라 실제 『환과고독성책』에 들어가야 할 대상이 누락되는 경우가 있었던 것이다. 이는 부세를 견감받는 환과고독의 숫자가 많을수록 군현 단위에서 그것을 보충하기 어려웠던 사정에서 기인한 것으로 보인다.

군현의 대소에 따라 일정하게 환과고독의 수를 제한하려는 조치 때문에 군현의 수령이 이의 부당함에 대해 호소하는 일이

벌어지기도 했다. 앞에서 살펴보았던 예산현감 한경이 충청감영에 올린 보고서를 다시 한번 확인해 보자.

> 환과고독을 조사하여 뽑아서 책자로 만들어 첩보함
> … 환과고독을 다시 각별히 조사했습니다. … 충원忠原
> 처럼 큰 고을에서 보고한 것이 단지 5명인데 예산禮山
> 처럼 작은 고을에서 그 수효가 이와 같이 많으니 참으
> 로 미안하여 지우고 또 지우고 줄이고 또 줄이어 29인
> 만 취하여 책자로 만들어 첩보하거니와, 삭감削減을 당
> 한 자들은 현재 존치한 사람들보다 조금도 나은 것이
> 없습니다.[84]

1762년(영조 38) 예산현감 한경은 예산현의 환과고독을 조사하여 충청감영에 보고했다. 그런데 보고서의 내용을 보면, 큰 고을인 충원이 단지 5명을 보고했는데 그보다 작은 예산에서 환과고독의 수가 많아 '지우고 또 지우고 줄이고 또 줄여서' 29인만 보고했다는 것이다. 즉, 예산현의 환과고독의 수가 많아 실제의 환과고독을 모두 보고하지 못하고 많은 수를 삭감했다는 것이다. 그리고 삭감당한 자들 역시 보고에 올라간 이들과 마찬가지로 궁핍한 처지임을 호소했다.

이와 같이 환과고독의 숫자를 모두 파악하지 않고 지역의 크기에 따라 일정한 비율로 제한했던 사실은 조선시대 복지정책과 국가재정 운영의 일단을 잘 보여 준다. 이는 환과고독 등의 사회적 약자들에 대해 국가적 시혜를 베풀면서, 동시에 국가재정의 부담이 커지는 것을 막고자 했던 조선 정부의 입장을 반영한 것이었다.

국가의 입장에서 볼 때, '인정'을 베푼다는 이념적 지향 및 민의 최소한의 존립 기반을 마련해 준다는 측면에서 이들에 대한 파악이 필요했을 것이다. 그러나 부세 부담을 제대로 할 수 없는 호가 많아진다는 것은 국가의 입장에서 상당히 부담스러운 일이기도 했다. 과부의 경우 성년의 자식이 있는 경우 주호로 설 수 없도록 법적으로 규제한 것이나 환과고독호의 비율을 일정하게 배정했던 것도 이러한 측면에서 이해될 수 있다.

그럼에도 국가의 의도와는 달리 환부호나 과부호로 등재됨으로써 부세대상에서 제외되고자 하는 불법적인 양상은 줄어들지 않았던 것으로 보인다. 17세기 후반~19세기 중반 단성현 호적대장에 기재된 과부호의 비율을 보면, 18세기 후반부터 다소 감소하는 경향이 나타났던 사실을 앞에서 확인한 바 있다. 그런데 과부호 중에 성년의 아들이 있는 여성이 주호로 등재되는 불법적 경향은 오히려 증가하는 양상 역시 확인할 수 있다.

특히 환부호의 경우는 19세기 전반 이후 급격하게 증가했다. 다산 정약용의 저작인 『목민심서』의 기록을 통해서도 당시의 상황을 확인할 수 있다.

> 식구가 많으면 곡식 바치는 것도 많은 까닭에 호적에 는 홀아비라고 칭하는 이가 많으니, 민民의 애통함이 심함을 이에서 알 수 있다. … 홀아비는 곤궁한 자의 명 칭이요 직職도 아니고 역役도 아닌데 어찌 스스로 칭할 수 있는 것이겠는가. 호적에 처妻가 없으면 스스로 홀 아비임이 밝혀질 것이니, 하필 머리에다 표방할 것이 겠는가. 과부寡婦도 역시 그러하니, 스스로 양녀良女라 칭하면서 호적에 지아비가 없다면 저절로 과부임이 밝 혀질 것이다. 과부는 원래가 입호立戶할 수 없는 것이 다.[85]

정약용은 환부, 과부 등은 원칙적으로 주호로 설 수 없는 존 재로 인식하고 있었다. 그러나 실제로는 호적대장에 주호로서 환부, 과부가 다수 기재되었다. 정약용 역시 이 점을 지적하고 이를 불법적인 것으로 간주했다. 그리고 이러한 불법적인 경향 이 증가했던 이유에 대해서는 '식구가 많으면 곡식 바치는 것도 많은 까닭'이라 설명했다. 정약용이 살았던 시기는 18세기 후반-19세기 전반이었다. 정약용의 시선을 통해 환부나 과부가 호적에 환부나 과부의 명칭을 등재하거나, 호적사목의 규정을 어기고 성년의 아들 대신 과부가 주호가 됨으로써 부세 부담에서 벗어나려는 불법적 양상이 늘어 갔던 당시의 상황을 확인할 수 있다.

조선시대 여성이 주호가 된다는 것은

　조선 후기 국가의 공식 문서인 호적대장에 여성이 호의 대표자로 기록되었다는 사실은 자칫 당시 여성의 사회적 지위와 연결하여 생각하기 쉽다. 조선시대 여성이 주호가 될 수 있었던 사실은 당시 사회에서 여성의 지위가 상대적으로 높았을 것으로 판단하는 근거가 될 수 있기 때문이다.

　그런데 조선 후기 사회는 한국 역사상 부계父系 중심의 가부장적 친족질서가 가장 강했던 사회로 인식되고 있다. 따라서 이 책의 서두에서 조선 후기 호적대장에 여성이 주호로 등재되었던 사실은 당시의 시기적 특성에 대한 일반적 인식과 상충됨을 지적한 바 있다. 조선 후기는 강력한 가부장제가 유지되었던 시기였다는 일반적 인식에 비춰 볼 때, 호적대장의 여성주호는 이질적인 존재인 것이다. 이와 같이 조선 후기 시대상과 괴리되는 여성주호의 존재는 그 특성을 살펴보면 이해의 간극을 좁힐 수 있다.

　조선 후기 여성주호는 법적으로 제한적인 조건, 즉 호내 구성원 중에 주호가 될 만한 성년 남성이 없는 경우에만 주호가 될 수 있었다. 1774년 간행된 『갑오식호적사목』에는 '과부는 남편이 사망하여 집안일을 주관하더라도 장성한 자식이 있으면 주호가 될 수 없다'라는 시행세칙이 규정되어 있었다. 호적사목은 호적을 작성하는 시행세칙으로 법령과 같은 것이다. 이를 통해 법적으로 여성은 주호였던 남편이 사망하더라도 호내 구성원 중에 주호로 삼을 만한 성년의 남성이 있는 경우에는 주호가 될 수 없었음을 알 수 있다. 즉, 당시 여성이 주호가 되는 것은 법적으로 매우 제한적이었으며, 주호는 성년의 남성을 세우는 것이 원칙이었던 것이다.

여성으로서 주호가 될 수 있는 법적인 기준에 부합하는 경우는 대부분 과부였다. 과부 중에서 남편이 사망하고 아들이 장성하지 않으면 법적으로 호의 대표자가 될 수 있었던 것이다. 호적대장에 등재된 여성주호가 대부분 과부였던 것은 이러한 법제적 배경에서 비롯된 것이었다.

그런데 여기에서 주목되는 사실은 호적대장에 과부로 기재된 여성들은 대부분 호의 대표자인 주호였다는 점이다. 또한 주호로 등재되었을 때는 과부라는 명칭으로 표기되었던 여성이 주호의 자리를 아들에게 승계한 이후에는 주호의 '모(母)'로 기재되었을 뿐 더 이상 과부라는 명칭이 표기되지 않았다. 이는 호적대장의 과부라는 명칭이 상식적인 의미의 '남편이 사망한 미망인'에게 붙여진 것이 아니었을 가능성을 시사해 준다. 여성주호는 대부분 과부였으며, 과부라는 명칭은 실제의 모든 과부를 파악한 것이 아니라 주호로 등재된 과부에게만 표기된 용어였다. 따라서 호적대장에 기재된 과부라는 명칭은 현실의 과부를 의미하는 것이 아니라 여성주호를 표기하는 하나의 명칭으로 볼 수 있다.

호적대장의 여성주호는 대부분 과부였으며, 동시에 과부는 거의 주호로 등재된 여성에게 표기된 용어였다는 사실을 통해 여성이 주호로 등재될 수 있었던 요건을 유추할 수 있다. 즉, 남편이 사망했기 때문에 그 배우자인 여성이 호를 대표할 수 있었던 것이다. 조선 정부는 부부가족을 단위로 호를 편성했으며, 호의 대표자는 성년의 남성을 세우는 것을 원칙으로 했다. 왜냐하면 조선 정부는 호를 단위로 부세 수취를 했으며, 이에 따라 부세 부담을 할 수 있는 건실한 호를 세우고 동시에 부세책임자인 주호의 자리에 직접 직역을 부담하는 성년 남성을 세움으로써 국가 재정의 안정을 도모했기 때문이다. 이 조건을 충족하지 못하는 호, 이를테면 과부가 주호로 등재된 과부호를 세운 이유는 우선 호의 단절을 피하고 건실한 호의 조건을 충족하는 동안 임시적으로 호를 유지하기 위한 것이었다.

이와 같이 법적 측면에서 여성이 주호가 될 수 있었던 조건
은 제한적이었으며, 이 때문에 여성이 주호의 위치에 머무르는
기간도 한시적이었다. 이는 많은 실제 사례를 통해 확인된다.
여성주호가 될 수 있는 법적 조건이 제한적이었다거나 실제 여
성이 주호의 위치에 머무르는 기간이 한시적이었다는 점은 결
국 조선 후기 여성주호가 임시적인 존재였음을 보여 주는 것
이다.

조선시대 여성이 호의 대표자인 주호가 될 수 있었던 것은
당시 국가의 호구정책에서 비롯된 것이었다. 호구정책은 국가
재정의 주요한 기반 중의 하나인 호구를 파악하고, 이를 대상을
부세를 수취하거나 견감하는 데 있어서 구체적 시행 근거였다.
이 과정에서 여성주호의 대부분을 차지했던 과부는 환과고독
의 하나로서 '왕정'의 일차적 시혜대상으로 여겨졌다.

조선왕조는 건국 직후 신왕조의 정책 방향을 제시한 태조
의 즉위교서를 발표했다. 태조의 즉위교서에는 조선왕조가 지
향하는 정책 방향 중에서 '환과고독은 왕정이 먼저 할 바'라고
천명했다. 환과고독은 홀아비, 과부, 고아, 독거인을 합하여 칭
한 용어로서, 조선왕조는 민에 대한 왕의 통치를 행함에 있어
최우선 대상이 환과고독이라는 인식을 분명히 했다. 이는 환과
고독이 조선 사회에서 가장 존립 기반이 취약한 '사회적 약자'

라는 인식에서 비롯된 것이었다. 태조 즉위교서에서 표방한 환과고독에 대한 정책 방향은 조선시대 내내 지속적으로 천명되었다.

환과고독에 대한 국가적 고려는 유교적 이상정치의 실현이라는 점과 직결되어 있었다. 조선은 성리학적 이념에 입각하여 운영된 사회로서 '인정'을 유교적 이상정치로 인식했으며, 인정을 시행하는 출발점이 환과고독을 돌보는 것으로 여겼다. 또한 환과고독에 대한 정책은 국가의 안정적인 유지를 위해서는 민의 최소한의 존립 기반을 마련해 주어야 한다는 현실적 측면이 반영된 결과이기도 했다. 즉, 민생이 안정되지 않으면 안정적인 국가 운영이 어렵다는 현실적 이유 역시 작용했던 것이다. 이에 따라 환과고독의 존립기반을 마련해 주기 위한 정책이 시행되었는데, 이는 진휼의 시행 및 각종 부세를 견감하는 정책으로 구체화되었다.

그런데 환과고독에 대한 국가의 각종 정책을 시행하기 위해서는 우선 환과고독에 대한 파악이 필요했으며, 정책의 지속성을 갖기 위해서는 체계적인 관리 역시 필수적이었다. 환과고독에 대한 파악 및 관리는 재해행정과 밀접하게 관련되어 이루어졌다. 흉년이나 대규모의 기근이 닥치는 위기 상황에서 조선 정부는 중앙 관리를 지방에 파견하거나 지방 차원의 조사를 통해 환과고독을 비롯한 구휼대상을 신속하게 파악하여 재해 상황에 대처하고자 했다. 그런데 이는 정례화된 것이 아닌 재해 상황이 닥쳤을 때 취한 임시적인 조치였다. 환과고독에 대한 정례화된 파악과 관리는 호적대장의 작성과 관련하여 이루어졌다.

조선 정부는 3년마다 호적대장을 작성하면서 환과고독을 파악함으로써 이들에 대한 정책을 시행하고자 했다. 그런데 여기에서 주목되는 점은 환부 역시 과부와 마찬가지로 현실의 모든 환부를 파악한 것이 아니라 호의 대표자인 주호만을 파악했다는 점이다. 즉, 호적대장의 과부, 환부는 실제의 과부, 환부를 파악한 것이 아니라 환과고독에 대한 국가의 정책과 관련하여 그 정책적 시혜를 받을 수 있는 호를 표현하는 하나의 코드로서 기재되었던 것이다.

환과고독에 대한 국가적 시혜는 국가의 안정적 통치를 위해 필수불가결한 정책이었지만, 시혜대상이 국가재정의 한도를 넘어서면 국가적 부담이 가중될 수밖에 없었을 것이다. 조선 정부는 이 문제를 시혜대상을 일정 수준으로 제한함으로써 해결하려 했던 것으로 보인다.

호적상의 호는 역부담의 여부와 관련하여 실제 부세를 부과할 수 있는 실호와 부세를 부과할 수 없는 허호로 구분되었다. 환과고독의 호는 대표적인 허호로 구분되었고, 이에 따라 환과고독의 숫자를 모두 파악하지 않고 지역의 크기에 따라 일정한 비율로 제한했다. 이러한 사실은 조선시대 복지정책과 국가재정 운영의 일단을 잘 보여 준다. 이는 환과고독 등의 사회적 약자들에 대한 국가적 시혜를 베풀면서, 동시에 국가재정의 부담이 커지는 것을 막고자 했던 조선 정부의 입장을 반영한 것이었다. 과부의 경우 성년의 자식이 있는 경우 주호로 설 수 없도록 법적으로 규제한 것이나 환과고독호의 비율을 지역의 크기에 따라 일정하게 배정했던 것도 이러한 측면에서 이해될 수 있다.

이상과 같은 여성주호의 특성은 가부장제가 강화되었던 조선 후기에 여성이 호의 대표자가 될 수 있었던 배경에 대한 해답을 제시해 준다. 조선시대 여성이 주호로 설 수 있었다는 사실이나, 여성주호의 대부분이 과부였던 사실은 궁극적으로 국가의 재정운영과 관련된 호구정책의 산물로 볼 수 있다. 조선 정부는 주호를 부세책임자로서 인식하고 그에 따른 정책을 시행했던 것이다. 조선 후기 여성주호의 성격은 바로 이러한 점에 근거하여 이해할 수 있다.

부계 중심의 가부장적 가족질서가 강화되었다는 조선 후기 시대상과 여성주호의 존재가 상충된다는 인식은 호의 대표자인 주호와 가부장적 가家의 대표인 가장家長을 동일시했기 때문에 생겨난 것이다. 조선의 호적법은 혼인한 사람이면 누구나 주호가 될 자격을 부여했기 때문에 가장만이 오직 주호가 될 수 있는 것도 아니고, 가족 중에서 최고 연장자만이 주호가 될 수 있는 것도 아니었다. 조선 후기의 여성주호는 부세운영과 관련한 호구정책의 산물이며, 가부장제하의 가장과는 궤를 달리하는 존재였던 것이다.

국가가 호적대장에 호의 대표자를 등재하는 것은 호에 대한 책임과 의무를 감당할 수 있다고 판단했기 때문이다. 따라서 조선 후기 여성주호가 임시적이고 제한적 성격을 가진 존재이기는 하지만 그 자체로 일정한 의미가 있는 것이었다. 종래의 연구에서 여성은 국가의 공적 영역에서 배제된 것으로 이해되었다. 그러나 이러한 인식은 선험적인 것이며, 국가의 운영상 여성의 역할이 필요한 부분이 존재했다. 여성주호 역시 이러한 측면에서 이해할 필요가 있다. 비록 임시적이기는 했으나 조선시대에 여성이 호를 승계하여 대표자로 나설 수 있었다는 것은 국가의 통치와 관련하여 여성에게 공적인 역할과 의무를 부여했음을 의미한다.

한편, 조선의 호구정책은 대한제국기와 일제 강점기를 거치면서 많은 변화가 이루어졌다. 특히 일제 강점기에는 일본 호적법의 일부가 식민지 조선에 도입됨으로써 호구의 파악 방식 및 그 목적이 조선과는 매우 달랐던 것으로 이해되고 있다.

민적법, 조선호적령 등으로 대표되는 일본 호적제도 도입의 궁극적인 목적은 식민 통치의 효율성을 증대하기 위한 것이었다. 일본의 호적법의 원리에 따라 조선인을 가족 단위로 조직화하고 이를 호적에 등록하게 함으로써 조선총독부는 조선인 개개인에 대한 법적 지배를 도모했다. 이 과정에서 가족 구성원 개개인의 기재는 그가 속한 가家의 호주와 어떤 관계에 있는지를 중심으로 이루어졌다.[86] 호의 대표자의 명칭도 조선시대에는 국가에 대해 해당 호의 부세를 책임지는 부세 책임자라는 의미에서 주호로 지칭되었으나, 일제의 호적법이 도입된 이후에는 '호주'로 지칭되었다.

일본식 호적법의 도입으로 인한 호구 파악 방식 변화의 중심은 호주상속제였다. 새로운 호적제도하에서 호주는 혼인, 입양, 입적, 제적과 같은 호내 구성원의 일체의 신분행위에 대한 권한을 가짐으로써 가족에 대해 강력한 가부장권을 행사할 수 있게 되었다.[87] 일제 시기의 호주는 가부장제하의 가장과 동일한 존재였던 것이다. 이와 같이 호주는 곧 가장이라는 인식은 일제의 가족법이 도입된 이후에 생겨난 것이었다.

일제의 호구조사의 결과물인 민적부民籍簿에 기재된 여성호주는 부계 혈연 중심의 가부장적인 호에 편입될 여지가 없는 여성들을 편성하는 수단이었다. 민적부상의 호가 점차 부계 혈연 중심의 가부장적인 호로 재편되어 가는 과정에서 일제 강점기의 여성호주는 조선시대의 여성주호에 비해 크게 축소, 소멸해 가고 있었다.[88]

주석

1   최재석, 『한국가족제도사연구』, 일지사, 1983.

2   조선시대 가족제도 연구현황에 대해서는 다음에 상세하다; 井上和枝, 「朝鮮家族史硏究の現象と課題」, 『歷史評論』 424, 1985; 이순구·한희숙, 「조선시대 여성사 관련 연구의 현황과 과제」, 『수촌박영석교수화갑기념한국사학논총』 상, 탐구당, 1992; 김경란, 「조선후기 가족제도 연구의 현황과 과제」, 『조선후기사 연구의 현황과 과제』, 창비, 2000.

3   이순구, 『朝鮮初期 宗法의 受用과 女性地位의 變化』, 박사학위논문, 한국정신문화연구원, 1995; Martina Deuchler, *The confucian Transformation of Korea: A Study of Society and Ideolody*, Cambridge, MA: Harvard University Press, 1992; 마크 피터슨, 『유교사회의 창출: 조선중기 입양제와 상속제의 변화』, 김혜정 옮김, 일조각, 2000.

4   호적대장 연구팀, 『단성 호적대장 연구』, 성균관대학교 대동문화연구원, 2003.

5   『목민심서』 「호전·호적」.

6   『목민심서』 「호전·호적」.

7   김건태, 「조선후기 호적대장의 인구기재 양상: 단성호적을 중심으로」, 『역사와 현실』 45, 한국역사연구회, 2002.

8   호적대장의 작성과정에 대해서는 권내현 「조선후기 호적의 작성과정에 대한 분석」, 『대동문화연구』 39, 성균관대학교 대동문화연구원, 2001을 참고하여 정리했다.

9   준호구는 소송을 하거나 과거에 응시할 때, 도망간 노비를 추쇄할 때 등 여러 경우에 주호의 신청에 의해 발급되기도 했다. 현재 남아 있는 준호구의 대다수는 호적 작성 과정에서 만들어진 것이다.

10 단성현의 지역적 특성 및 사족층의 형성·분포에 대해서는 김준형, 『조선후기 丹城지역의 사회변화와 士族層의 대응』, 박사학위논문, 서울대학교, 2000이 참고된다.

11 김건태, 「朝鮮後期 戶의 構造와 戶政運營: 丹城戶籍을 중심으로」, 『대동문화연구』 40, 성균관대학교 대동문화연구원, 2002.

12 호의 대표자를 '호주'라고 명시한 것은 대한제국기의 신식호적이 작성되면서부터 이다.

13 『경국대전』「예전·호구식」.

14 『경상도단성현호적대장』(1717) 도산면 2리 문태촌 1통 5호.

15 단성호적에서 아버지가 아들의 솔하인으로 편입되는 사례를 살펴보면, 1717년 134건, 1720년 110건, 1729년 91건, 1732년 68건, 1735년 34건, 1759년 84건, 1762년 87건, 1780년 91건, 1783년 62건, 1786년 56건, 1789년 26건이다(김건태, 「戶口出入을 통해 본 18세기 戶籍大帳의 編制方式 - 丹城戶籍大帳을 중심으로」, 『대동문화연구』 44, 성균관대학교 대동문화 연구원, 2003).

16 주호의 유고기록과 주호 승계에 대해서는 김경란, 「조선후기 호적대장의 主戶有故 기록에 대한 검토: 主戶승계 문제와 관련하여」, 『사학연구』 131, 한국사학회, 2018을 참고하여 정리했다.

17 19세기에 작성된 단성현 호적대장은 결락되어 있는 부분이 많아 한 식년이 완전히 남아 있는 것이 없다. 따라서 이 글에서는 19세기의 경우 다음과 같이 비슷한 시기의 면별 호적을 통합하여 분석에 이용했다.

　○ 19세기 전반: 1825년(북동·오동) + 1828년(법물야·신등·원당·현내) + 1831년(도산·생비량)

　○ 19세기 중반: 1861년(법물야·신등) + 1864년(북동·오동·원당·현내) + 1867년(도산·생비량)

18 『갑오식호적사목』(奎12318), 서울대학교 규장각한국학연구원 소장.

19 『고문서집성 32: 경주손씨편』, 한국정신문화연구원, 200쪽. "辛酉年成籍戶口帳內 府 北面安康縣江東 第二里良佐村 第七統第三戶 故務功郞孫釵妻鄭氏 … 率子汝稷年 五十四 … 等二口自首 戶首率子幼學孫汝稷."

20 본고에서는 여성주호를 분석하는 과정에서 분석상의 오류를 피하기 위해 고(代)처의 양식으로 기재된 경우는 여성주호에 포함시키지 않고 별도로 다루기로 하겠다(김경 란, 「단성호적에 나타난 여성주호의 기재실태와 성격」, 『역사와 현실』 41, 한국역사연구회, 2001).

21 『비변사등록』인조 16년 2월 2일. "啓曰 … 南城峙粮之事 誠不可少緩 而一石運入之 際 一結若出三人 女戶單丁 不得不給價負云."

22 김경란, 「《단성현호적대장》의 '女戶' 편제방식과 의미」, 『한국사연구』 126, 한국사연 구회, 2004.

23 김경란, 『朝鮮後期《丹城縣戶籍大帳》의 女性把握實態 硏究』, 박사학위논문, 고려대 학교, 2003.

24 이러한 양상은 단성현 호적대장뿐만 아니라 다른 지역의 호적대장에서도 확인된다.

25 『경국대전』「예전·호구식」.

26 『반계수록』「전제후록·호적」.

27 김경란, 「조선후기 호적대장의 여성호칭 규정과 성격: '단성호적'을 중심으로」, 『역사와 현실』 48, 한국역사연구회, 2003.

28 손병규는 직역이 사회계층적 신분을 반영하는 정도는 시기에 따라, 직역에 따라 달랐을 것이며, 호적대장 기재양식으로 체계화된 직역이 사회계층적 신분을 그대로 나타내는 것은 아니었다고 했다(손병규, 「호적대장의 직역기재 양상과 의미」, 『역사와 현실』 41, 한국역사연구회, 2001).

29 김경란, 앞의 논문, 2001.

30 김건태, 앞의 논문, 2003.

31 김탁민·임대희, 『譯註唐律疏議』「戶婚 1·脫戶」, 2202쪽 주 6, 한국법제연구원, 1997.

32 大口勇次郎, 「農村における女性相續人: 武州下丸子村の事例」, 『女性のいる近世』, 勤草書房, 1995.

33 김형수, 「조선왕조의 건국과 태조 즉위교서의 성격」, 『석당논총』 66, 동아대학교 석당학술원, 2016.

34 『효종실록』 효종 9년 12월 30일 임진.

35 『비변사등록』 영조 51년 1월 4일.

36 『영조실록』 영조 31년 12월 18일 정사.

37 『태종실록』 태종 6년 윤7월 6일 계해.

38 『명종실록』 명종 2년 9월 10일 무오.

39 『중종실록』 중종 18년 윤4월 21일 신유.

40 『태종실록』 태종 10년 12월 26일 무오.

41 『태종실록』 태종 10년 12월 26일 무오.

42 『영조실록』 영조 49년 1월 2일 임진.

43 『영조실록』 영조 38년 1월 4일 무술.

44 『영조실록』 영조 46년 1월 2일 경진; 『영조실록』 영조 47년 1월 4일 병오.

45 『영조실록』 영조 51년 8월 6일 신사.

46 『춘관통고』 권64, 「가례·사기로연(양로연·우노)」.

47 『현종개수실록』 현종 12년 2월 17일 기해.

48 『세종실록』세종 1년 8월 1일 계유.

49 『효종실록』효종 5년 1월 15일 병오.

50 『세종실록』세종 1년 8월 1일 계유;『각사등록』10,「오산문첩」2.

51 『세종실록』세종 4년 8월 25일 기유.

52 『세종실록』세종 28년 2월 8일 병오.

53 『세종실록』세종 4년 8월 25일 기유.

54 『한국지방사자료총서』「남원현첩보이문성책」.

55 『비변사등록』정조 8년 정월 26일.

56 『비변사등록』순조 11년 7월 3일.

57 『비변사등록』효종 5년 6월 23일.

58 『호패사목』(奎12318), 서울대학교 규장각한국학연구원 소장.

59 『국조보감』권12,「세조조」3, 8년 계미.

60 『세조실록』세조 9년 2월 8일 정묘.

61 『비변사등록』인조 16년 2월 1일.

62 『경국대전』「병전·행순」.

63 『효종실록』효종 5년 1월 15일 병오.

64 『영조실록』영조 28년 8월 27일 을묘.

65 문용식,『조선후기 진정과 환곡운영』, 경인문화사, 2000.

66 『경세유표』「지관수제·창름지저」.

67 『세종실록』세종 6년 6월 13일 병진.

68 김순남,「조선 초기 賑恤使臣의 파견과 賑恤廳의 설치」,『조선시대사학보』41, 조선
시대사학회, 2007.

69 원재영,「조선시대 재해행정과 17세기 후반 진휼청의 상설화」,『동방학지』172, 연세
대학교 국학연구원, 2015.

70 『태종실록』태종 13년 12월 21일 병인.

71 『태종실록』태종 14년 5월 7일 기묘.

72 원재영, 앞의 논문, 2015.

73 『각사등록』10,「오산문첩」2.

74 같은 책.

75 환부의 파악 방식에 대해서는 김경란, 앞의 논문, 2004를 참고하여 정리했다.

76 『일성록』 순조 12년 6월 14일 을묘.

77 『영조실록』 영조 26년 6월 22일 계사.

78 『승정원일기』 숙종 36년 6월 29일 계해.

79 『제주대정현사계리호적중초』 1, 제주대학교탐라문화연구소; 본고에서 분석한 1810년의 경우 사계리(沙溪里)가 금물로리(今勿路里)로 기재되어 있다. 금물로리라는 지명은 헌종 6년(1840)년에 사계리로 개칭되었다.

80 『비변사등록』 영조 11년 윤4월 19일.

81 『한국지방사자료총서』 「남원현첩보이문성책」.

82 이러한 성책들은 호구의 실수(實數)와 연령, 이주와 도망, 출생과 사망, 분가(分家)와 결합, 새로운 입적(入籍)과 몰락, 직역과 모록(冒錄) 방지, 경제적 실상, 여성의 결혼, 협호(挾戶), 통수(統首), 호패(號牌) 등의 내용으로 구분된다. 거제 항리 중초에는 호적대장이 만들어지는 과정에서 함께 작성된 성책들의 명목을 기재하고 있는데 그 종류는 『원인구성책(元人口成冊)』, 『총계성책(摠計成冊)』, 『남녀구별성책(男女區別成冊)』, 『남정성책(男丁成冊)』, 『호패성책(號牌成冊)』, 『도망절호성책(逃亡絶戶成冊)』, 『경내이거래성책(境內移去來成冊)』, 『타관이거래성책(他官移去來成冊)』, 『생산물고성책(生産物故成冊)』, 『리정감고성책(厘正監考成冊)』, 『통수성책(統數成冊)』 등이다. 이러한 성책은 호구 파악의 완성도를 높이고 부세운영의 자료로 활용될 수 있었다.

83 『한국지방사자료총서』 「오산문첩」.

84 『각사등록』 10, 「오산문첩」 2.

85 『목민심서』 「호전·호적조」.

86 홍양희, 「植民地時期 戶籍制度와 家族制度의 變容」, 『사학연구』 79, 한국사학회, 2005.

87 박병호, 「일제하의 가족정책과 관습법형성과정」, 『법학』 33(2), 서울대 법학연구소, 1992.

88 김경란, 「일제시기 民籍簿의 작성과 女姓戶主의 성격: 19세기 濟州 戶籍中草, 光武戶籍과의 비교를 중심으로」, 『대동문화연구』 57, 성균관대학교 대동문화연구원, 2007.

참고문헌

『각사등록』.

『갑오식호적사목』(奎12318), 서울대학교 규장각한국학연구원 소장.

『경국대전』.

『경상도단성현호적대장』, 성균관대학교 대동문화연구원 전산데이터베이스.

『고문서집성 32: 경주손씨편』, 한국정신문화연구원.

『목민심서』.

『반계수록』.

『비변사등록』.

『수교집록』.

『신보수교집록』.

『역주당률소의』, 법제연구원, 1997.

『일성록』.

『제주대정현사계리호적중초』(영인본), 제주대학교탐라문화연구소 영인.

『조선왕조실록』.

『한국지방사자료총서』.

권내현, 「朝鮮後期 戶籍의 作成過程에 대한 分析」, 『대동문화연구』 39, 성균
        관대학교 대동문화연구원, 2001.

김건태, 「朝鮮後期 戶의 構造와 戶政運營: 丹城戶籍을 중심으로」, 『대동문
        화연구』 40, 성균관대학교 대동문화연구원, 2002a.

_____, 「조선후기 호적대장의 인구기재 양상: 단성호적을 중심으로」, 『역사와 현실』 45, 한국역사연구회, 2002b.

_____, 「戶口出入을 통해 본 18세기 戶籍大帳의 編制方式: 丹城戶籍大帳을 중심으로」, 『대동문화연구』 44, 성균관대학교 대동문화연구원, 2003.

김경란, 「조선후기 가족제도 연구의 현황과 과제」, 『조선후기사 연구의 현황과 과제』, 창비, 2000.

_____, 「조선후기 호적대장의 여성호칭 규정과 성격―'단성호적'을 중심으로」, 『역사와 현실』 48, 한국역사연구회, 2003a.

_____, 『朝鮮後期《丹城縣戶籍大帳》의 女性把握實態 研究』, 박사학위논문, 고려대학교, 2003b.

_____, 「《단성현호적대장》의 '女戶' 편제방식과 의미」, 『한국사연구』 126, 한국사연구회, 2004.

_____, 「일제시기 民籍簿의 작성과 女姓戶主의 성격: 19세기 濟州 戶籍中草, 光武戶籍과의 비교를 중심으로」, 『대동문화연구』 57, 성균관대학교 대동문화연구원, 2007.

_____, 「조선후기 호적대장의 主戶有故 기록에 대한 검토: 主戶승계 문제와 관련하여」, 『사학연구』 131, 한국사학회, 2018.

김순남, 「조선 초기 賑恤使臣의 파견과 賑恤廳의 설치」, 『조선시대사학보』 41, 조선시대사학회, 2007.

김형수, 「조선왕조의 건국과 태조 즉위교서의 성격」, 『석당논총』 66, 동아대학교 석당학술원, 2016.

문용식, 『조선후기 진정과 환곡운영』, 경인문화사, 2000.

박병호, 「일제하의 가족정책과 관습법형성과정」, 『법학』 33(2), 서울대 법학연구소, 1992.

손병규,「호적대장의 직역기재 양상과 의미」,『역사와 현실』 41, 한국역사연
구회, 2001.

원재영,「조선시대 재해행정과 17세기 후반 진휼청의 상설화」,『동방학지』
172, 연세대학교 국학연구원, 2015.

이순구,『朝鮮初期 宗法의 受用과 女性地位의 變化』, 박사학위논문, 한국정
신문화연구원, 1995.

이순구·한희숙,「조선시대 여성사 관련 연구의 현황과 과제」,『수촌박영석
교수화갑기념한국사학논총』 상, 탐구당, 1992.

최재석,『한국가족제도사연구』, 일지사, 1983.

피터슨, 마크,『유교사회의 창출: 조선중기 입양제와 상속제의 변화』, 김혜
정 옮김, 일조각, 2000.

호적대장 연구팀,『단성 호적대장 연구』, 성균관대학교 대동문화연구원,
2003.

홍양희,「植民地時期 戶籍制度와 家族制度의 變容」,『사학연구』 79, 한국사
학회, 2005.

井上和枝,「朝鮮家族史硏究の現象と課題」『歷史評論』 424, 1985.

大口勇次郎,「農村における女性相續人: 武州下丸子村の事例」,『女性のい
る近世』, 勁草書房, 1995.

Deuchler, Martina, The confucian Transformation of Korea: A Study of
Society and Ideolody, Cambridge, MA: Harvard University Press,
1992.